MADAME BLOC,

OU

L'INTRIGANTE.

DE L'IMPRIMERIE DE LEFEBVRE,

RUE DE BOURBON, N°. 11.

.. *Il ne voyait personne, et ne parlait a qui que ce fût ;* ... *rend* ..*che*
il pouvait observer les étoiles . . . .

MADAME BLOC,

OU

L'INTRIGANTE;

PAR L'AUTEUR

DU PAGE DE LA REINE MARGUERITE,

DES FORGES MYSTÉRIEUSES, etc., etc.

~~~~~~~~~~~~~~~~~~~~~~~~~~~~~~~~~~~~~~

TOME SECOND.

~~~~~~~~~~~~~~~~~~~~~~~~~~~~~~~~~~~~~~

A PARIS,

Chez LOCARD et DAVI, Libraires, rue de
Seine, F. S.-G., n°. 54; et Palais-Royal,
Galerie de bois, côté du jardin, n°. 246
et 247, attenant au Cabinet Littéraire.

1817.

MADAME BLOC,

OU

L'INTRIGANTE.

CHAPITRE XX.

Visite au Proconsul. — Les Pri-
sonniers.

Plus on avançait sur les terres de France, plus madame Bloc montrait à son époux de complaisance et de tendresse. Malgré tout l'amour qu'il ressentait pour elle, Toussaint n'en était pas la dupe; il se douta que ces démonstrations si vives cachaient quelque nouveau projet de la dame. Il ne se trompait pas; mais cette fois les plans de Léonide

n'avaient rien que de juste et d'hono-
rable. Elle n'avait point oublié le colonel
de Torbière, M. de Sterville, le grave
Poligny, qu'elle ne voulait plus épouser,
mais qu'elle voulait compter parmi ses
esclaves, et l'aimable vicomte de Boreston, sur qui elle avait des vues pour
sa cousine. Tous étaient en prison à Lyon.
Sans faire aucune mention d'eux, elle
laissa entrevoir qu'elle désirait visiter cette
ville, dont elle avait entendu parler avec
éloge, et demanda à sa mère si elle n'y sé-
journerait pas volontiers quelque temps
avant d'aller à Paris. « Je ne demande
pas mieux », dit la Comtesse qui, persuadée que sa fille avait pour elle les
sentimens filials, se trouvait heureuse
dans sa société, dans celle de son fils et
même de son gendre, qui la comblait
d'égards et d'attentions. Elle n'avait aucune raison pour ne pas se prêter à ce
qui pouvait convenir à Léonide. Aussi

fut-il décidé que l'on passerait à Lyon
et qu'on y resterait huit à dix jours.

A peine arrivés dans cette ville,
Léonide apprend que le représentant
Scipion (1) y est en mission. Elle se
pare avec le plus grand soin, et se fait
accompagner par son frère chez le Proconsul. Scipion était fort sensible aux
charmes de la beauté. Léonide lui parut
ravissante, et pensant bien qu'elle avait
quelque grâce à lui demander, il se
promit d'en recevoir le prix.

Léonide en effet sollicita la liberté de

---

(1) Les généraux, les ministres, les représentans et autres gens en place qui figurent
dans ces Mémoires (si tant est qu'il en existe
encore quelques-uns) pourront bien s'y reconnaître, mais seront reconnus de peu de
personnes, par le soin extrême que l'on a
pris de déguiser leurs noms, en ne les signa-
lant que par leurs faits et gestes.

ses compagnons d'infortune. Ils n'avaient point été pris les armes à la main. C'étaient des voyageurs qui ne voulaient qu'admirer la nature, qui déploie toute sa grandeur dans les montagnes où ils avaient été arrêtés. On ne pouvait les punir d'une faute qu'ils n'avaient pas commise. Le Représentant la regardait bien plus qu'il ne l'écoutait : elle était si bien, si élégamment mise; que pouvait-on lui refuser ?

Quand il demanda le prix de ce bienfait, Léonide n'eut point l'air offensée d'un tel discours; mais objecta seulement que, son mari étant jeune, amoureux, et par conséquent jaloux, tellement qu'il exigeait que son frère ne la quittât pas d'un moment, quand il ne pouvait pas être avec elle, qu'il fallait laisser passer quelques mois, avancer l'Adjudant, le faire Général, ce qui l'obligerait à partir; qu'alors, maîtresse de ses actions, il serait

possible..... Un regard où se peignit la
volupté sans en bannir la pudeur, acheva
le pauvre Représentant, qui signa tout
ce qu'on voulut, baisa avec transport
une main qu'on lui abandonna, et pria
Léonide d'embellir de sa présence un
bal qu'il devait donner le soir même.
« Mon mari y viendra, car sans cela je
n'y consentirais pas. « Il le faut bien;
à Paris nous l'occuperons, et il y aura
des moyens. — Pas d'autres que celui
que je vous ai donné : voulez-vous que
j'expose une vie aussi précieuse que la
vôtre; que je prive la Patrie d'un de ses plus
fermes appuis ? Non, mon cher Scipion !
Laissez au temps à nous donner des
moyens favorables, sans craindre les
suites funestes que peuvent avoir les
soupçons d'un époux.

Le citoyen Représentant qui, n'était
pas tout-à-fait aussi brave que Scipion l'A-
fricain, goûta les raisons de Léonide et se

1 *

contenta des promesses qu'on lui faisait.
Ponce n'était pas à la conversation ; il
examinait avec un soin extrême un fort
bel herbier, dont un célebre botaniste
avait fait le sacrifice à Scipion pour conserver sa liberté, attendu qu'il n'avait ni
femme, ni sœur, ni cousine jolies ; ce
que ce Représentant eût préféré à des
plantes desséchées dont il ne connaissait
guère le prix ; incapable comme il l'était
d'imaginer qu'un pareil bouquin eût
coûté plus de quarante ans de travail au
naturaliste.

Quand les mises en liberté furent expé-
diées, Léonide se réserva le plaisir de
les porter elle-même à la prison, pour
jouir de la satisfaction que ses amis
éprouveraient en apprenant qu'ils étaient
libres. Un baiser fort tendre, que Scipion
déroba assez adroitement pour que
Ponce n'en vit rien, rehaussa ses espé-
rances, car on n'eut point l'air du cour-

roux. On promit d'être le soir au bal;
puis tout à coup, comme s'illui fût venu
une idée plaisante, Léonide se mit à rire,
dit quelques mots à l'oreille de Scipion,
qui lui répondit : « Certainement ! rien
de mieux ; vous pouvez être sûre que je
ne vous démentirai pas ». Quand ils
furent sortis, Poncé lui demanda ce
qu'elle avait dit à ce vilain Représentant
à barbe rousse, à l'œil de travers.
« Quelque chose que tu n'as pas besoin
de savoir. Je n'aime pas ta curiosité. Je
ne t'ai pas demandé ce qui t'occupait si
fort dans ce grand livre superbement
relié. — Ah! cela n'est pas un secret ;
c'est le plus bel herbier que j'aie vu de
ma vie. Il y en a cent volumes comme
celui-là ; et puis des descriptions si
belles..... — Nous voilà à la prison,
laisses-moi parler au guichetier ». Cet
homme vint d'un air un peu bourru ;
mais un assignat de cinq cents francs,

qui valait bien encore cinq louis, com-
mença à le mettre de bonne humeur ; et
quand madame Bloc lui eut dit qu'elle
venait de la part du représentant Scipion
Scévola (ainsi se faisait appeler ce digne
mandataire du peuple), le geôlier ôta
son bonnet, cessa de fumer, et demanda
très-humblement les ordres de la ci-
toyenne Bloc. Elle lui dit de faire descendre Boreston, Torbière et Sterville.
— Eh ! M. de Poligny, s'écria Ponce
qui s'était approché ? — Il n'est pas libre.
— Ah ! pourquoi donc cela ? — Je
l'ignore ».

Quand nos trois prisonniers aperçu-
rent au travers du guichet la belle Léonide, dont ils ignoraient le mariage, ils
furent ravis ; mais combien leur joie s'ac-
crut quand ils surent qu'ils étaient libres ! Ils firent la même observation que
M. de Mansville sur ce pauvre Poligny ; à quoi la belle solliciteuse répon-

dit : «Je ne puis rien pour lui; ce n'est pas ma faute ». Boréston demanda des nouvelles de madame de Verceil : Poncé lui raconta les malheurs de cette dame. Il jura qu'il émigrerait encore une fois pour la retrouver. Vous rencontrerez mieux qu'elle, mon cher Vicomte, reprit Léonide; et avant qu'il soit une heure, vous me direz si l'envie d'émigrer vous reprend une seconde fois. « Mais vous, Léonide, reprit avec inquiétude le comte de Torbière; mais vous, comment êtes-vous libre, et de plus rendez-vous la liberté à vos compagnons d'infortune ? comment mademoiselle de Mansville est-elle à Lyon ? — Parce que mademoiselle de Mansville a cessé de l'être. — Quoi! serait-il possible, Léonide mariée » ! Et il parut au désespoir ». Vous ne devriez pas, mon cher Comte, vous affliger de ce que je n'ai fait que pour vous. Ingrat ! c'est votre tété

que j'ai rachetée, par le plus grand sacrifice, il est vrai; mais en est-il un qui
puisse se comparer au malheur de voir
périr ce qu'on aime. — Ah! serait-il
vrai que j'étais aimé? Léonide ne me le
dites pas, j'en mourrais en pensant que
vous êtes à un autre. — Il faut faire
comme moi, cher Comte, n'y pas penser. — Excellent moyen, mais alors
(baissant la voix), vous souffrirez donc
que je.... — Ce n'est pas là ce que j'en-
tends, ma personne est à lui; mon
cœur.... Que dis-je? Hélas! les hommes
sont incapables de cette délicatesse de
sentiment. — J'avoue, chère Léonide,
que je ne puis séparer l'amour du plaisir;

> Et je n'ai point l'honneur suprême
> D'être constant sans être heureux.

— Voilà de la franchise, j'aime infiniment qu'on en ait avec moi; soyons
amis sans désirs, sans espérance, et
laissons faire au hasard, qui arrangera

tout pour le mieux. Mais, cher Comte, qu'allez-vous devenir?—Je n'en sais rien; mes biens sont vendus. — Voulez-vous un grade dans l'armée; tant d'autres qui vous valent ont pris ce parti. — Je n'en serais pas très-éloigné. — Eh bien! venez ce soir au bal chez Scipion.... chez lui-même. — C'est un homme détesté, qui n'a ni principes ni honneur. Sa figure est aussi affreuse que son âme est atroce. — Tout cela peut être vrai; mais il est Représentant, je lui dois votre liberté, celles de vos camarades. J'aurai même, je l'espère, celle de M. de Poligny; il va faire mon mari général, et vous aussi, et tout cela parce qu'il est amoureux de moi comme un fou. — Ah ciel! et vous pourriez..?—quelle idée! non, jamais! je prétends seulement me servir de mon empire pour le forcer à faire des heureux. — C'est digne de votre belle âme!

Léonide revint chez sa mère avec son
frère et ses trois amis. Boreston avait ré-
fléchi tout le temps à ce que lui avait
dit Léonide, qu'avant une heure il ne
voudrait plus courir après madame de
Verceil ; et lorsqu'il entra dans le salon
de l'hôtel où ces dames étaient descen-
dues, et qu'il vit Félicie qu'il ne connaissait pas, parce qu'elle ne s'était point
trouvée à Bâle au moment du départ,
tant elle en était affligée ; quand, dis-je,
il vit mademoiselle de Bertelli, il fut
frappé d'admiration. « Ah ! madame,
dit-il, en s'adressant à Léonide, vous
aviez bien raison, mon choix est fixé » ;
et il salua Félicie avec un si profond
respect, qu'elle en fut interdite. Cette
jeune personne, sans éprouver un sentiment si prompt que Boreston le trouva,
comme effectivement, il était d'une charmante figure. On parla de Poligny, du
chagrin qu'il devait avoir. Bloc en fut

affligé; alors Léonide prit son mari à part et lui dit avec l'air de la candeur : « Il y a bien un moyen de le faire mettre en liberté , mais il est dur. Le Représentant veut cent mille francs. Il me l'a dit ; je n'ai pas eu le courage de lui en faire part ; j'ai craint que cela n'eût un air d'intrigue, qu'il n'imaginât.. — Vous avez bien fait ; ces sortes de propositions sont déplacées dans la bouche d'une femme : je vous sais gré de cette délicatesse ; mais il faut y envoyer votre frère. — Vous avez raison. « On appela Ponce , et on le chargea d'annoncer à M. de Poligny le prix que l'on mettait à sa liberté ; Ponce cria au brigandage, et cependant partit pour connaître les intentions du pauvre prisonnier.

CHAPITRE XXI.

Cent mille livres ! Et pour qui?

Monsieur de Poligny ayant appris que
ses compagnons étaient définitivement
mis en liberté, en éprouva un profond
chagrin, et ne douta point qu'il ne fût
destiné à la mort. Ils s'y préparait avec
la noble résignation qui a caractérisé
toutes les victimes de ces temps désas-
treux, quand il s'entendit appeler.
« C'en est donc fait, s'écria-t-il; et il
se rendit au guichet, où il fut étonné,
au lieu des gens à écharpes, de trouver l'ami Ponce; il lui dit, avec un profond soupir : Je ne suis donc pas encore
banni de la société, puisque mon ancien compagnon d'infortune vient encore

me voir.—Avez-vous pu croire que ma
sœur vous eût oublié ? vous vous trom-
periez infiniment: elle a demandé votre
liberté avec autant d'instance que celles
de MM. Boreston et de Sterville; mais
elle ne l'a pu obtenir qu'à une condition
qui l'a désolée , et dont elle n'a jamais
osé vous faire part.—Si c'est aux dépens
de l'honneur, ou même des principes
dont je fais gloire de ne jamais me dé-
partir, fût-ce au prix de mon sang , il
est inutile de m'en parler—Non; il ne
s'agit pas de changer d'opinion.—Peut-
être veut-on que j'accepte une place dans
le Gouvernement. — Encore moins. —
Que diable veulent-il donc ? — De l'argent.—Qu'à cela ne tienne. —Oui, mais
la somme est exhorbitante.—Vingt mille
francs?—Vous n'y êtes pas; et ce qui est le
plus fâcheux, c'est qu'il faut la compter en
or. — Enfin! est-ce quarante? —Vous
n'êtes pas à moitié. — C'est un peu fort.

Scipion attend cent mille livres. — Le coquin! cent mille livres pour ne pas commettre la plus insigne injustice; en vérité c'est trop fort! Cependant, comme, si je suis fusillé, je ne jouirai plus de ma fortune, j'y consens; et il me sera d'autant plus facile de réaliser cette somme, que lors de mon passage en quittant la France je laissai cent mille livres en or à un des plus riches et des plus honnêtes fabricans de cette ville. Sans autre manière de reconnaître celui qui voudra redemander ce dépôt que d'être porteur d'une moitié d'écu que voici; je vais donc vous la confier, mon cher Comte. Allez chez M. de Long- pont; dites - lui que j'ai besoin de mon or, il vous le remettra. Quand vous l'au- rez, vous irez chez l'avare Représentant, et vous ne lui compterez la somme que lorsqu'il vous aura donné ma mise en liberté.—Tout cela, reprit Ponce, est le

mieux du monde. Mais comme le fri-
pon ne me donnera pas de reçu de la
somme, j'aime mieux que ce soit vous
qui la lui comptiez.—Quoi! vous pouvez imaginer ?— Je ne dis pas cela; mais
ses sortes d'affaires sont si vilaines, que
je conçois que ma sœur n'ait pas voulu
s'en mêler. Moi, je vous en parle parce
qu'il y allait de votre vie, en ne vous
instruisant pas des moyens de la sauver;
mais je ne veux point servir d'intermé-
diaire entre vous et le Représentant. Il
aura les cent mille livres, puis qu'il a
l'âme assez basse pour les exiger; mais
il faut qu'il ait la honte de les recevoir
en personne; nous verrons s'il sait rougir.
—J'en doute fort: ignorez-vous, mon
cher ami, que ces messieurs croient
être en un pays conquis, et ne regardent
ce qu'ils nous volent que comme les
contributions qu'un général lève sur l'ennemi.—Soit; mais que le général les lève
lui-même ».

Ponce prit la moitié d'écu et alla recevoir chez M. de Longpont les cent
mille livres; elles n'étaient pas sorties
de la cassette dans laquelle M. de Poligny
les avait enfermées lorsqu'il en avait
fait le dépôt chez ce galant homme, qui
fut indigné, quand il apprit à quel usage
son ami était forcé de les employer:
qu'aurait-il dit, s'il eût su que c'était
une femme qui avait l'audace de s'em-
parer de ce trésor, ainsi qu'elle en était
convenue avec le Proconsul, et que
celui-ci tenait assez peu à sa réputation
pour souffrir qu'on le soupçonnât d'une
insigne friponnerie, afin de mériter les
bonnes grâces d'une coquette. Qu'aurait
dit ce brave homme, s'il eût su que
Léonide n'avait exigé cette somme tout
entière, que parce que, dans leur excur-
sion parmi les montagnes, M. de Poligny
avait eu l'imprudence de lui révéler cet
important secret. O temps ! O mœurs !
Quand Ponce eût les cent mille francs,

il en vint avertir sa sœur, et il lui demanda comment il fallait faire pour que M. de Poligny ne les donnât pas sans certitude d'avoir sa liberté. « Rien de si facile, la somme restera provisoirement ici ; cependant, tu iras chercher le Représentant, qui a bien assez de pouvoir pour extraire M. de Poligny de sa prison ; ce dernier présentera lui-même la cassette à Scipion, et recevra en échange l'acte qui lui rendra la liberté ».

Ponce trouva tout cela le mieux du monde, et n'eut aucun doute que l'argent fût pour le Représentant, qui se rendit avec empressement chez la belle Léonide. Très-peu de temps après, deux soldats y amenèrent M. de Poligny, à qui Scipion adressa ce singulier discours : « Tu ne dois pas douter, sachant combien tu es coupable, qu'en t'accordant *ta grâce*, je ne fasse un tort réel à la *Nation*, puisque par cette in-

dulgence, j'autorise peut-être quelque
délit de la nature du tien. Il faut donc
que je l'indemnise, en levant sur toi,
riche et coupable, une légère contribution de cent mille francs, qui ne sont au
plus que le douzième de tes biens, lé-
gitime héritage de la *sainte république.*
J'espère que tu sentiras le prix de ce que
je fais pour toi, et que tu t'empresseras
de mériter, par une conduite vraiment
patriotique, le titre auguste de citoyen ».

Puis, avec un geste aussi noble que
son discours, il renvoya les carmagno-
les, et se fit compter les cent mille francs,
qu'il pria madame Bloc de garder chez
elle jusqu'à leur départ pour Paris. « Non,
ma sœur, dit Ponce, je ne vous le
conseille pas, on peut vous voler. —
Ah! ce n'est pas l'argent que l'on s'efforce
de lui prendre, c'est son cœur! mais
il est imprenable : l'ami Bloc le possède
en entier ».

M. de Poligny n'avait pas ouvert la bouche, quand il vit entrer Boreston et Sterville. Ce dernier apportait au Proconsul une ode, dont le galimathias philosopho - civique parut excellent à Scipion, qui lui promit une place au Comité de salut public. « C'est donc là votre contribution, dit en riant Poligny ? Elle est moins chère que la mienne. — Elle est d'un grand prix, car elle est volontaire, reprit Scipion. Quant au colonel Boreston, il commandera la Garde de la Convention. C'est, je crois, assez bien mériter des belles de Paris, que de leur conserver dans la Capitale un si beau jeune homme ; et tenez, ajouta-t-il, en poussant un gros rire qui ne diminuait rien de l'atrocité de sa sotte figure, je parie que c'est avoir un mérite réel aux yeux de la jolie Félicie ». Elle rougit, et madame de Mansville dit que sa nièce pourrait plus mal choisir. Boreston au

comble du bonheur, jura que si Félicie
daignait recevoir ses vœux, il serait le
plus fortuné des hommes ; mais que si
elle le refusait, il n'aurait jamais d'autre
épouse. « Nous verrons tout cela à
Paris. Il faut le consentement de M. de
Bertelli. — J'en réponds, dit Edouard ;
je fais ce que je veux de mon père, je
vais lui écrire ; je compte sur le plus
heureux succès ». Boreston ravi sauta au
cou d'Edouard et l'embrassa ; c'était presque recevoir cette faveur de sa bien-
aimée, tant le frère et la sœur se ressem-
blaient.

CHAPITRE XXII.

Rentrée dans Paris. — Bloc Général.
— Désappointement du Proconsul.

LE départ pour Paris eut lieu peu
de jours après. On sait avec quel luxe
voyageaient des Représentans; qu'ils tra-
versaient les départemens dans les plus
belles voitures avec quinze, vingt chevaux de poste, tandis que tout ce que
la France avait de plus respectable était
traîné de prison en prison dans de viles
charrettes. Scipion, jaloux peut-être en
secret du Colonel Torbière, jugea con-
venable de l'éloigner. A cet effet, il lui
obtint un commandement avant de quitter Lyon. Le Colonel, brave comme...
un Français, se signala dans plusieurs

rencontres : persuadé que Léonide n'aimait rien, il lui tint la parole qu'il lui
avait donnée, et s'attacha à une femme
belle et vertueuse, qui le rendit parfaitement heureux.

M. de Poligny n'accompagna point
ces dames; il se retira dans ces terres.
Il y resta près d'un an, consacrant à
l'étude les momens qu'il ne pouvait plus
offrir à sa Patrie. Ayant cependant conservé des relations avec Léonide, et su
par elle que sa cousine Hercilie de Bertelli était d'une figure agréable et d'un
caractère charmant, il vint à Paris au
bout de ce temps, et demanda Hercilie;
mais elle était encore bien jeune, et son
père était absent, ce qui fit différer cet
hymen pendant quelques mois. M. de
Poligny, qui en était devenu très-amou-
reux, ne quitta pas Paris qu'il n'eût ob-
ténu sa main.

Mais revenons à notre héroïne. Elle

avait fait le voyage avec son époux, sa
mère, sa cousine Boreston, Poussin et
le Représentant. Celui-ci, en arrivant
à Paris, demanda à M. Bloc d'habiter
le même hôtel. M. de Mansville se retira chez sa tante, madame de Bonnière. Mesdames de Breville, de Lorgiac
et l'aimable Hercilie la revirent avec
plaisir. Félicie resta avec sa cousine, qui
la demanda à madame de Bertelli, elle
y consentit. Rien ne fut plus brillant que
la maison de madame Bloc. Elle avait
adopté, comme toutes les femmes agréables de ce temps, le costume grec. Il
fallait bien qu'il y eût alors parmi nous
quelque chose qui ressemblât à ces an-
tiques républiques, dont la triste fantaisie nous avait prise, et dont nous
étions aussi éloignés par notre génie qu'il
soit possible de l'imaginer.

Scipion profitait de tous les instans
favorables pour assurer madame Bloc

de sa passion. Elle trouvait sans cesse
un prétexte ou un autre pour différer
de combler ses vœux ; mais elle ne l'employait pas moins pour obtenir les grâces
qui lui étaient utiles. Quoique Ies contributions ne fussent pas toujours aussi fortes
que celle de M. de Poligny , elles suf-
fisaient pour soutenir la maison avec
éclat ; Bloc croyait que madame de
Mansville était encore fort riche , et
qu'elle faisait à sa fille une pension au
lieu de dot , mais il se trompait ; la plus
grande partie de ses biens et de ceux du
Comte avaient été vendus , et si sa tante,
madame de Bonnière , ne fût pas venue
à son secours , Célestine eût été fort mal
à son aise.

Cependant M. de Boreston avait
obtenu la place que Scipion lui avait
promise, et il attendait avec une extrême
impatience le moment où il deviendrait
l'époux de l'aimable Félicie ; mais sa

mère ne pouvait se résoudre à la marier
sans l'aveu de son père, qui était toujours
dans le Nord, ainsi que madame de
Lorgiac, dont M. de Poligny attendait
aussi le consentement pour s'unir à
Hercilie.

Madame Bloc proposa d'écrire à la
baronne de Lingtenschen, pour qu'elle
obtînt les deux consentemens : c'était
une occasion d'avoir des nouvelles de
Jenni. La lettre arriva, la Baronne
s'empressa de la faire passer en Russie.
Ces messieurs étaient en correspondance
avec Jenni qu'ils croyaient lady Lincton,
car ils n'avaient pas été dans la confi-
dence de la ruse de Jenni ; elle les
avait reçu chez elle avec beaucoup de
magnificence, et leur fit passer les lettres
de leurs femmes.

Ces mariages paraissant très-conve-
nables à MM. de Bertelli et Lorgiac, ils
envoyèrent leur consentement à Jenni,

qui les adressa à Léonide. Dès qu'ils
arrivèrent, madame Bloc les porta à
ses cousines et les deux mariages se firent
peu de jours après, au grand contente-
ment des deux couples, qui s'aimaient
avec la plus vive tendresse. M. de Poligny,
qui avait bien jugé madame Bloc et commençait à soupçonner qu'elle était peut-
être de part dans les contributions du
Représentant, ne voulut point laisser sa
compagne perdre le fruit de l'éducation
que sa mère lui avait donnée: aussitôt
après son mariage, il emmena sa femme
dans ses terres, où elle le rendit parfaitement heureux, tant que les circonstances ne la rapprochèrent pas de Léonide.

Si M. de Boreston eût eu la même
prudence, il eût évité à la douce et sensible Félicie les malheurs qui, à la fleur
de l'âge, la conduisirent au tombeau;
mais Boreston avait été complétement

ruiné par son émigration; et les émolumens de sa place, qui le tenait à Paris,
étaient nécessaires à son existence.

Madame Bloc s'était attachée à son
mari, et sentait chaque jour augmenter
son antipathie pour Scipion. Tous ses
adorateurs étaient mariés, et elle n'était
pas empressée d'en faire de nouveaux,
l'amour ayant peu d'attraits pour elle.
Jouer un rôle marquant sur la scène du
monde était ce qui la flattait le plus;
trouver les moyens de se procurer
beaucoup d'argent pour en dépenser
davantage, était toute son occupation.
Aussi elle écrivait du matin au soir,
allait dans tous les comités, chez tous
les ministres; envoyait son frère, ses
cousins; car Théophile etait déjà un des
complaisans de sa cousine. A peine l'un
d'eux lui avait-il rendu une réponse
qu'elle le renvoyait en chercher une autre.
Des chevaux toujours attelés la por-

2 *

taient tour-à-tour au faubourg Saint-
Germain, et même à celui de Saint-
Antoine, où n'étaient pas ses moindres
intelligences pour arrêter où presser les
décrets qui pouvaient-être favorables
ou dangereux à ceux qu'elle protégeait
pour quelque argent comptant. Mais
dans toutes ces négociations souvent peu
honorables, elle mettait tant d'adresse,
que son mari ne s'en doutait jamais; il
est vrai que Bloc avait un grand éloignement pour s'occuper de tout ce qui
tenait à l'intérêt. Son père lui envoyait
vingt mille francs tous les ans. Comme
il ne voyait aucun livre de compte, il
se persuadait qu'avec environ huit ou
dix qu'il croyait que sa belle-mère
pouvait donner à Léonide, la maison la
plus brillante de Paris pouvait subsister.
Il ne demandait à celle-ci que de n'avoir
point de dettes; or, il n'en avait pas. Il faut
rendre justice à Léonide, rien n'était

comparable à l'ordre qui régnait chez
elle; et grâce à l'adresse qu'elle mettait à
prolonger l'erreur du Représentant, elle
en obtenait tout ce qu'elle voulait : c'était
une mine inépuisable. Elle se faisait
presque toujours accompagner par Félicie quand elle allait solliciter des grâces,
ce qui ennuyait beaucoup madame de
Boreston, qui eût bien mieux aimé passer
ces heures là avec son cher Léopold ;
mais il fallait obéir aux volontés de l'al-
tière Léonide.

Ponce, fatigué à l'excès de cet esclavage, déserta un beau matin. Il avait
réalisé, des débris de la fortune de son
père, environ deux mille livres de rente.
Il chercha le quartier le plus pauvre de
Paris, et loua un petit appartement dans
la rue d'Orléans, tout près du jardin des
Plantes. Il le meubla avec une extrême
simplicité, prit un jockey, et ayant fait
emporter ses effets de chez sa sœur,

avant qu'elle fût levée, il se retira dans
ce modeste asile. Là il étudiera, lira,
écrira tout à son aise, sans qu'à toute
heure on lui dise : « Mon frère, fais-moi
le plaisir d'aller chez ce général, chez
ce représentant, chez celui-ci, chez
celui-là, chez la femme du ministre,
chez le ministre lui-même »! Tout cela,
pourquoi? il n'osait le soupçonner, mais
il aimait bien mieux n'y être pour rien.

Madame Bloc fut désolée à son réveil
d'apprendre que son frère se fût séparé
d'elle. Où trouver, en effet, un être capable de le remplacer? Ponce avait peu
d'esprit, mais un sens droit, une mémoire excellente; avec lui elle n'avait pas
besoin d'écrire ce qu'elle voulait faire dire
à certaines gens, auprès desquels une lettre pouvait compromettre. Edouard était
trop vrai, avait l'humeur trop chevalares-
que, et Théophile trop étourdi pour se
prêter constamment à ses ennuyeuses

sollicitations; elle résolut donc de tout employer pour ramener son frère. Dès qu'elle
a, par ses agens, découvert le lieu de sa
retraite, elle fait mettre les chevaux, et
arrive chez M. de Mansville; mais elle
le presse intilement de quitter ce loge-
ment dans un quartier qui ne mène à
rien, où il n'y a que des savans, espèce aussi inutile qu'ennuyeuse : « Non,
ma sœur, répondit-il avec assez de
fermeté; je vous aime tendrement, mais
c'est un parti pris, je ne veux plus
m'occuper que de la culture des lettres :
on ne me verra plus dans vos cercles
brillans; je prévois trop bien le sort de la
plupart des individus qui les composent ;
ils périront misérablement, et vous
même, ma chère Léonide, peut-être
aurai-je la douleur de voir en vous la
première victime de ces intrigues désas-
treuses. Ce que je fais, vous devriez le
faire; vous devriez rompre avec ce Scipion, qui est un scélérat, j'en suis sûr.

Voyez de quels individus le Représentant s'entoure ! en est-il un seul qu'un
galant homme osât avouer pour son
ami ? et les femmes qu'il amène chez
vous ! comment, Léonide qui devrait
avoir tant de délicatesse, peut-elle se
résoudre à se montrer en public avec
elles. Ma mère en gémit.— Vous ne savez, mon pauvre Ponce, ce que vous
dites ; ma mère serait la première à dé-
sapprouver votre escapade. Je ne le crois
pas, et franchement, je saurais mauvais
gré à qui insisterait sur un point que
j'ai irrévocablement résolu ». Madame
Bloc, voyant qu'elle ne pouvait rien gagner sur l'esprit de son frère, revint fort
irritée. Edouard et Théophile, qui se
plaisaient beaucoup chez leur cousine,
se montrèrent de plus en plus soumis à
ses volontés ; elle leur obtint des postes
avantageux : on oublia M. de Mansville,
et il en fut fort aise.

La Comtesse était la seule de la fa-

mille qui lui donnât des marques de
tendresse. Elle venait toutes les semaines
passer une journée avec lui, et ils par-
laient de Léonide, dont ils ne pouvaient
concevoir la conduite. « Qui eût jamais
pensé, disaient-ils entre eux, qui aurait dit que mademoiselle de Mansville
donnerait tête baissée dans l'ordre ac-
tuel ? Quelle est sa société ? Excepté sa
cousine Félicié, quelles femmes trouve-
t-on chez elle ? Quels hommes composent sa société ? Des êtres dissolus dont
le luxe étonne au premier abord ; mais
qu'il est facile d'apprécier dès qu'on les
voit de près. Elle n'est entourée que de
viles créatures qui affichent l'irréligion
et les mauvaises mœurs ; misérables
qui ont fait le malheur de leur pays,
et qui emploient tous les moyens pour
se mettre par leurs immenses richesses
à l'abri de tous événemens. Un de mes
amis, plein de bon sens, me disait il

y a quelques jours : Ces hommes s'en-
richissent, parce qu'ils savent que *rien
ne met autant à l'abri des coups de la
fortune qu'une cuirasse d'or.* — Ah!
mon fils, reprenait la Comtesse, je te
trouve bien heureux de vivre loin de ces
faux plaisirs. Je me réunirais à toi si je
n'étais pas encore nécessaire à ma fille
et surtout à son mari. Cet homme, si
différent de ceux parmi lesquels il vit,
a confiance en moi, je lui donne des conseils utiles : je voudrais qu'il partît pour
Bordeaux avec sa femme : alors Félicie
viendrait vivre avec nous. Bloc ne de-
manderait pas mieux, sans doute, mais
Léonide s'y oppose de tout son pouvoir :
et elle en a beaucoup sur son époux,
qui est vraiment un excellent jeune
homme ». C'est ainsi que la mère et le
fils, sans avoir beaucoup d'esprit l'un
et l'autre, n'en jugeaient pas moins sai-
nement la société de madame Bloc.

Léonide savait bien que s'ils étaient
dépouillés de tout ce qui n'était pas
eux, les gens qu'elle recevait seraient
bien peu de chose ; mais leurs ridicules
l'amusaient, et elle cherchait à profiter
de leurs vices pour arriver au but qu'elle
se proposait. Cependant Bloc n'avait
point encore été fait général, malgré les
promesses de Scipion. Lasse d'attendre,
Léonide, déclara au Représentant que
si, d'ici à huit jours, Toussaint n'obtenait pas le grade que lui méritaient ses
services, il donnerait sa démission et
s'en irait avec elle rejoindre son beau-
père. Scipion eut peur ; il fit délivrer le
brevet que Léonide désirait pour son
mari, et en même temps un ordre
pour que M. Bloc allât commander un
corps de six mille hommes sur le Rhin.
Madame Bloc, qui savait ce que Scipion attendait pour prix de cette grâce,
et n'était pas d'humeur à lui rien ac-

corder, ne perdit pas un moment : pro-
fitant d'une séance orageuse au Manège,
qui se prolongea toute la nuit, elle
partit avec son mari sans que le Représentant s'en doutât. Félicie retourna chez
sa grand-mère. Lorsque le cher Scipion
revint, la tête fort échauffée par cette
longue et périlleuse séance, quel fut son
étonnement et sa douleur, d'apprendre
que sa chère Léonide, bien plus pour
le fuir que pour suivre son mari, avait
pris la route de Strasbourg. Il jura de
s'en venger, et tint parole.

Madame Bloc avait écrit à sa mère et
à ses cousines en partant, et avait envoyé
à la première cinq cents louis, que cette
bonne mère partagea avec son fils. Ils
furent très-contens l'un et l'autre du
parti qu'elle avait pris. M. de Poligny
la sachant absente, amena sa femme à
Paris, ce qui fit un extrême plaisir à
toute la famille, presque entièrement

réunie chez madame de Bonnière, dont
la bonté et la tendresse pour ses enfans
augmentaient chaque jour. Les jeunes
femmes, et surtout Edouard, regrettaient
Léonide ; mais leurs mères la trouvaient
mieux à Strasbourg qu'à Paris, d'où il
eût été à désirer pour elle qu'elle ne fût
jamais revenue.

CHAPITRE XXIII.

Madame Bloc sur un nouveau théâtre.
— Elle envoie à la recherche de
Jenni. — Prison d'un nouveau
genre.

UN auteur dont je ne me rappelle pas
le nom, a dit : *Que les Nations les*
plus heureuses sont celles qui sont les
moins cèlèbres dans l'Histoire. Il en est
par proportion de même des humains.
Plus ils sont inconnus en général, plus
ils sont heureux ; la vie s'écoule sans événement remarquable ; on arrive en paix
à son terme. Ce qu'on dit de toute la vie
on peut le dire de même des portions
de son cours : les plus insignifiantes sont
toujours les meilleures. Telles furent

celles que passèrent les parens de Léonide, tandis que madame Bloc était à
Strasbourg. Aussi n'a-t-on conservé nul
détail de ce qui leur est arrivé pendant
ce temps; nous allons donc les laisser
aussi tranquilles qu'ils le furent, et ne
nous occuper que de la sémillante Léonide.

Madame Bloc, enchantée de s'être
débarrassée de Scipion, et croyant n'avoir
rien à redouter de lui, puisque que son
mari était général, ne s'occupa qu'à jouir
de la vie sans aucune inquiétude. Il semblait même que son génie pour l'intrigue
fût subjugué par le goût des plaisirs.
Nous avons dit que Toussaint était d'une
figure très-agréable, qu'il joignait à la
franchise d'un soldat l'urbanité d'un
homme bien né: enfin, il était fort aimable, et Léonide n'avait point à se
repentir d'avoir fait taire l'orgueil pour
s'assurer un appui dans la personne de

M. Bloc. Que ne le prit-elle dès lors pour guide de sa conduite! Jamais elle ne se fût écartée des lois de l'honneur. Pendant six mois qu'ils passèrent ensemble à Strasbourg, leurs jours s'écoulèrent dans la plus douce union.

N'ayant aucune nouvelle de Scipion, madame Bloc se crut entièrement oubliée de lui, et elle s'en félicitait, quand elle apprit par les journaux qu'il allait venir en mission à Strasbourg. Alors elle demanda en grâce à son époux de quitter cette ville, ne voulant point revoir cet homme, dont elle ne lui cacha pas les criminels projets. Toussaint ne demanda pas mieux, et obtint du général en chef d'aller organiser de nouvelles levées qui se faisaient dans les environs de Mayence. Léonide avait choisi de préférence cette ville pour revoir Jenni, et son premier soin, en y arrivant, fut de demander M. et madame Lingtenschen,

dont elle n'avait pas eu de nouvelles depuis long-temps, et surtout depuis leur
séjour en Alsace. Quelle fut sa surprise
lorsqu'on lui dit que M. de Lingtenschen avait quitté Mayence, vendu ses
propriétés, et pris enfin le parti de s'é-
tablir à Bude ; tant il redoutait l'arrivée
des troupes républicaines !

Léonide en fut fâchée ; elle avait un
peu compté sur l'opulente maison de la
Baronne pour passer des jours agréables
à Mayence ; et son intention était bien
de lever, en qualité de femme de général, quelque contribution sur la fausse
lady Lincton ; il fallut renoncer à l'un
et à l'autre. Cependant, se ressou-
venant de M. Walk, elle espéra par
lui avoir des nouvelles de Jenni. Elle
lui écrivit, et l'engagea à venir la voir et
à lui donner l'adresse du baron de Lingtenschen et de sa femme. La baronne de
Vasbourg, qui eût pu la lui apprendre,
était parti pour les eaux de Spa.

Walk se rendit aux ordres de madame Bloc. Elle le présenta à son mari comme le frère de son institutrice. Toussaint l'accueillit, et lui proposa un emploi utile dans l'armée. Walk, dont le commerce allait assez mal à cause des inquiétudes que répandait la guerre en Allemagne et en Suisse, accepta les offres du Général, et ne demanda que de retourner un mois à Bâle, d'y réaliser ses fonds, et de revenir. Toussaint y consentit. Madame Bloc interrogea Walk sur ce qu'était devenu le Baron. L'Anglais assura qu'il n'avait pas entendu parler de lui. Léonide fut d'avis que Charles allât à Bude s'informer de madame de Lingtenschen, qu'elle n'avait point envie de laisser jouir tranquillement de l'immense fortune qu'elle lui devait. Walk était chargé de faire un nouvel emprunt, que l'on partagerait avec lui; il avait si bien réussi la première fois, qu'il ne doutait pas du succès.

Il hâta donc ses arrangemens à Bâle, et prit le chemin de la Hongrie. Il arrive à Bude, s'informe de M. Lingtenschen; apprend qu'un allemand de ce nom a depuis peu acheté, à quatre lieues de la ville, une superbe habitation, où il vit de la manière la plus retirée. « Il sera devenu jaloux, dit Walk en lui-même; mais il me connaît comme parent de sa femme, il ne refusera pas de me voir. » Plein d'espérance, il se rend à la terre du Baron. Il demande M. et madame de Lingtenschen. — «Votre nom, dit le valet de chambre? — Lord Lincton. — « Attendez, reprit cet homme ». Et il secoua la tête, marmotant entre ses dents quelques mots qui donnèrent assez d'inquiétude à Walk, pour l'engager à remonter à cheval, et à abandonner une entreprise qui ne lui paraissait pas sans danger; mais on ne lui en laissa pas le temps. Le Châtelain parut accompagné

Tome II. 3

de quatre grands gaillards armés de fusils.
« C'est lui, dit le Baron, Rosmann ne
s'est pas trompé; menez-le à la tour,
et qu'il y réfléchisse pendant six mois au
danger de se jouer à plus fort que soi,
puis je déciderai de son sort ».

Walk, plus mort que vif, voulut ré-
pliquer; le Baron ne le lui permit pas.
Les quatre hommes s'emparèrent de sa
personne, lui mirent les fers aux mains
et le conduisirent dans une tour; on lui
fit monter quatre-vingts degrés , puis il
se trouva sur une terrasse d'environ
trente pieds carrés, qui était au som-
met de la tour; une espèce de guérite
qui s'y trouvait lui parut le seul abri
qui lui fût destiné. Un parapet de trois
pieds de haut environnait la terrasse sur
laquelle croissaient quelques arbustes;
une poulie avec une corde grosse comme
le petit doigt, à chaque bout de laquelle
pendait un sceau qui devait servir à lui

faire parvenir chaque jour de l'eau, du
pain et quelques alimens grossiers, mais
assez abondans, comme il s'en con-
vainquit dès le soir même, par l'ample
souper qu'on lui donna ; il vit bien qu'on
n'en voulait pas à ses jours, et il se flatta
d'en être quitte pour la captivité de six
mois que lui avait annoncé le Baron.
L'arrêt était irrévocable, il tâcha donc
de s'y conformer ; il entra dans la guérite ; c'était un petit pavillon de six pieds
carrés dont la porte fermait assez bien,
et dans lequel on avait mis beaucoup de
paille. Charles s'y arrangea un lit, s'y
coucha et dormit, ne pouvant pas com-
prendre pourquoi le Baron, sans s'expliquer avec lui, le traitait avec tant de
rigueur. Il aurait voulu avoir des nouvelles de Jenni, mais impossible ; il ne
voyait personne, et ne parlait à qui que
ce fût : en revanche, il pouvait observer
les étoiles, et, semblable aux Chaldéens

il aurait fait les plus magnifiques découvertes en astronomie s'il y fût resté un siècle ou deux. Laissons-le s'assurer par les calculs algébriques de la hauteur du soleil et de l'éloignement de Saturne, et retournons à Mayence.

CHAPITRE XXIV.

Passe-temps de madame Bloc. — *Les désespérées.* — *Qui étaient ces dames.*

LÉONIDE s'étonnait de n'avoir pas eu la moindre nouvelle de Walk. Elle en avait, par des voies indirectes, reçu de fâcheuses sur la situation de sa mère et de ses parens. Le pauvre M. de Bonnière avait péri victime de sa loyauté. Sa malheureuse épouse languissait en proie à sa douleur. Quoique madame de Mansville écrivit souvent, aucune de ses lettres ne parvenait jusqu'à sa fille. D'un autre côté, M. Bloc le père n'avait point envoyé de fonds au Général depuis plus de quatre mois, ou du moins celui-ci n'en avait point

reçu. Ses lettres n'arrivaient pas davantage. Toussaint ne dissimulait point son
inquiétude sur la manière dont il fini-
rait la campagne ; et madame Bloc
voyait, dans le retour de Walk, la seule
chose qui pût la sauver. Elle écrivit à
Bude. Point de réponse. Qu'étaient de-
venus Jenni et son parent supposé ? Elle
en parlait sans cesse à Toussaint qui,
n'ayant jamais vu cette Anglaise, et ne
la connaissant que pour une ancienne
femme de chambre de son épouse, ne
mettait pas un grand empressement à la
retrouver. Quant à Walk, il avait jugé
que ce ne pouvait être qu'un intrigant
subalterne, qui n'en gagnerait pas moins
de l'argent dans les fournitures de l'armée; mais qu'il comptait néanmoins sur-
veiller de telle sorte, qu'il ne volerait qu'a-
vec beaucoup de circonspection. Hélas !
le pauvre diable aurait bien voulu *voler*,
mais dans une autre acception du mot;

et si, comme Dédale, il avait connu l'art de se fabriquer des ailes, il se serait hâté d'en faire usage pour échapper à la tyrannie du Baron; mais l'instant approchait où il allait recouvrer la liberté.

Madame Bloc accompagnait presque toujours son mari quand il montait à cheval; suivant la mode de ce temps, elle portait très - souvent un habit d'homme; celui d'aide-de-camp du Général. Bloc riait lorsque de bons Allemands s'adressant à elle, priaient monseigneur l'aide-de-camp de vouloir bien obtenir pour eux de S. E. monseigneur le Général, quelque dégrèvement de contributions; le sang-froid qu'elle mettait dans sa réponse était toujours pour son mari un nouveau sujet d'amusement.

Un jour Toussaint avait été à quelques lieues de Mayence, pour surprendre un corps d'émigrés, retiré dans un village. Ceux-ci, avertis que l'ennemi approchait et qu'il était en nombre très-supérieur, montèrent à cheval, et franchissant les haies, ils se retirèrent dans une forêt prochaine ; mais ils n'emmenèrent point avec eux plusieurs femmes très-pauvres et fort bien nées qui étaient venues les joindre. Un trompette qu'ils envoyèrent les recommanda à la loyauté des Français. Etait-ce un persiflage de la part de ces messieurs, ou pensaient-ils, en effet, qu'en recevant d'eux cette marque d'estime, leurs compatriotes n'abuseraient pas de leur nombre pour combler la misère de ces infortunées? Ils ne se trompèrent pas ; et le détachement commandé par M. Bloc fut tellement contenu par lui; il avait donné des ordres si précis de fusiller le premier qui ferait la plus légère insulte à une femme, que l'on défila dans le village sans se livrer au moindre désordre. Léonide accompa-

gnait ce jour là son époux ; et comme
elle voulait prendre quelques rafraîchis-
semens, elle proposa au Général d'entrer
dans une pauvre cabane, à la porte de
laquelle était une vieille paysane qui
pleurait. « Ma bonne, dit Léonide en
mettant pied à terre, quel sujet avez-
vous de vous affliger si amèrement? est-ce
que l'on vous a fait quelque tort ?» Non
M. l'Officier, lui répondit la paysane
en allemand, que Léonide entendait
très-bien ; mais je pleure le chagrin
de deux jeunes dames Françaises qui
répètent sans cesse qu'elles sont décidées
à se tuer ; je leur ai bien dit de n'en rien
faire ; que c'était offenser le Dieu qui
nous a faits et mis dans ce monde, pour
y rester tant que cela lui plaira ; elles
persistent dans leur résolution , parce
que, disent elles, elles ont été riches et
qu'elles sont devenues pauvres ; qu'elles
ont été belles et que le chagrin et la

3 *

misère ont détruit leurs attraits ; et
comme je ne pourrais soutenir en présence cet accident funeste, j'ai mieux
aimé les laisser faire : quand je croirai
qu'elles sont bien mortes, je rentrerai
pour les ensevelir. — Ah ! mon Dieu,
dit Bloc en poussant rudement la vieille,
« hâtons-nous de les secourir » ! Et il
était déja dans la chambre, que la bonne
femme ne savait par où il était passé :
son faux aide-de-camp le suivit.

Ils virent en entrant deux femmes
jeunes encore qui nouaient plusieurs
cordons ensemble, et paraissaient les
destiner au plus funeste usage. A peine les
eurent-ils envisagées, qu'ils reconnurent
la marquise de Verceil et Jenni. Eh !
mon Dieu, mesdames, dit Léonide, qui
vous a réunies ? — Eh quoi ! messieurs,
nous sommes connues de vous ! — Est-il
possible que sous cet habit vous ne re-
connaissiez pas votre ancienne amie

Léonide de Mansville? — Vous, Léonide!
en effet, c'est elle-même. Eh bien! vous
arrivez à temps pour être témoins de
la fin de nos malheurs. Vous voyez ces
cordes.... — Que dites-vous? interrompit
Bloc, en jetant loin de lui ces instrumens
de mort : avez-vous pu concevoir l'horrible pensée de défigurer ces jolis minois
par une mort affreuse? Ah! renoncez pour
toujours à une si triste fantaisie; n'aviez-
vous donc pas des amis, et pouviez-vous
douter que nous n'eussions volé à votre
secours? — Je le vois, Général, et c'est
une douce pensée; mais outre que nous
ne savions où prendre mademoiselle de
Mansville, ne pouvions-nous pas craindre
que notre profonde misère ne l'éloignât
de nous sans retour; et nous aimions
mieux finir notre triste existence, que
d'être à charge à qui que ce soit. Il est
des malheurs si grands, ma chère Léonide, qu'il est impossible de les suppor-

ter. — Impossible ! je sais pourtant un moyen d'y réussir ; c'est de les oublier.— Cela est facile quand on ne s'est pas trouvé dans les cruelles positions où Jenni et moi nous nous sommes vues.—Vous n'y êtes plus ; ainsi, dès que vous nous retrouvez, il faut perdre la mémoire de tout ce qui s'est passé, et le regarder comme non avenu. « Alors madame Bloc, tirant de sa bourse de l'argent, donna ordre à la vieille paysane de préparer à dîner. Elle dit ensuite à Jenni : Y a-t-il longtemps que vous avez quitté le cher Baron ? — Près de six mois. — Vous n'avez donc pas vu Walk. — Mon Dieu, non. — Que sera-t-il devenu ? — Ah ! s'il s'est approché de l'habitation de M. de Lingtenschen, il lui aura fait souffrir de grands maux, car il était bien en colère contre lui et Williams. — Il sait donc tout ? — Tout, et par le plus fâcheux des hasards.

« M. Bloc, reprit Léonide en s'adressant à son mari, Jenni va vous raconter une espiéglerie de sa jeunesse ; n'allez pas lui en faire des reproches : la pauvre femme, à ce qu'il me paraît, en a été assez punie. Elle avait usé d'adresse pour surprendre le cœur d'un Baron, plus entiché de sa noblesse que tous les barons Allemands ensemble. Lorsque nous quittâmes Mayence nous le laissâmes fort amoureux. Elle trouva depuis, je ne sais quel moyen de lui fasciner les yeux, et le bon homme consentit à l'épouser. — A cela, dit Bloc, il n'y a pas de mal, la beauté est la reine du monde ; et pourquoi ce Baron vous a-t-il répudiée ? — Par une raison assez simple que je vous dirai tout à l'heure, quand nous aurons dîné ». En effet, la paysane, fort alerte pour son âge, avait tout préparé.

On se mit à table ; au dessert Bloc,

curieux d'apprendre la bizarre histoire
de Jenni, la pria de lui apprendre comment elle avait été et n'était plus Baronne de Lingtenschen. Celle-ci ne se
fit pas prier : elle raconta ce qu'elle avait
imaginé pour tromper le Baron, et le
fit avec tant d'adresse, qu'elle ne chargea Léonide en aucune manière. Ainsi,
madame Bloc eut l'air d'apprendre seulement alors par quel art sa ci-devant
femme de chambre avait su tout à coup
se faire grande dame. Il est vrai qu'elle
passa légèrement sur cette première partie de sa vie pour en venir à la seconde,
dont la catastrophe avait été si terrible,
que la mort lui avait semblé l'unique
moyen d'en écarter le souvenir.

CHAPITRE XXV.

Histoire de l'ex-Baronne. — Visite de lord Adisson. — Tout est découvert.

DEPUIS plus de six mois que j'étais mariée, mon très-ennuyeux époux ne s'était point départi de ses tendres sentimens et des manières les plus généreuses avec moi. Je trouvais chaque jour sur ma toilette des parures recherchées, des bijoux nouveaux qu'il faisait venir de Paris à grands frais. Il avait fait remonter mes diamans par le meilleur lapidaire de France; enfin, jamais femme d'un particulier ne jouit d'une plus grande opulence, et n'eut un train plus magnifique ; on peut dire qu'à l'ennui près, j'étais la plus heureuse personne du monde.

« Une chose manquait au bonheur du

Baron ; je n'avais pas d'enfant , et rien n'annonçait que je dusse en avoir. Il me menait aux eaux en pélerinage ; il consultait tous les médecins, et tout cela en pure perte. Un juste retour sur lui-même l'aurait engagé à ne faire de prière que pour lui. Vous conviendrez que ce n'a pas dû être pour moi un petit effort, de résister aussi long-temps à satisfaire le vif désir de paternité que le Baron me témoignait sans cesse , surtout lorsque mon mari avait un secrétaire de 25 ans , tout aussi aimable que peut l'être un Allemand : je m'en sais en ce moment un gré infini !

« Le Baron ne savait à quel saint se vouer , lorsqu'il lui vint dans l'esprit qu'il était réservé à Sainte-Marguerite-de-Sienne de lui obtenir du Ciel un héritier ; le voyage d'Italie fut décidé : voyez à quoi tient la destinée ! nous devions partir au bout de huit jours, lorsque la goutte se jetant tout à coup sur le genou du Baron, il fut impossible de se mettre en route. J'eus de lui tous les soins imaginables, et l'ingrat. . . . . ! ! Plus d'un mois s'écoula avant qu'il fût en état de monter en voiture. Il était écrit que nous ne quitterions pas Ling-tenschen avant qu'un maudit Anglais, le Ciel le confonde, ou plutôt le comble de ses éternelles faveurs ! ne fût arrivé de Londres, tout exprès, pour renverser le frêle édifice de ma félicité. Je vous rends compte des sentimens que son arrivée me fit éprouver : par la suite, ils ne changèrent que trop pour mon repos.

« J'étais assise près de l'ottomane, que le Baron ne quittait pas encore, quand on nous annonça le lord Adisson. «Ah ! Madame, faites entrer, s'écria mon mari. Quelle joie pour vous ! milord Adisson est mon meilleur ami, et votre cousin, issu de germain. Issu du diable, dis-je, entre mes dents, ne supposant rien de bon de cette entrevue. — Oui, Madame, issu de germain; car Georges Lincton et Williams Adisson étaient enfans du frère et de la sœur, donc cousins germains; or, ce Georges Lincton est précisement M. votre père, comme Williams Adisson est celui de Jonh Adisson, que le Ciel nous envoie. — Le Ciel!!» — Nous n'en pûmes dire davantage, et à l'instant le Lord entra.

C'était un homme d'une taille très-élevée, l'air fier et dédaigneux, bien de visage, comme ses compatriotes; mais se tenant mal, et si simplement mis, qu'on l'eût pris pour quelque marchand peu riche de la foire de Francfort. « Eh! bon jour, mon cher Lord, lui dit le Baron; que je suis joyeux de vous revoir! je n'ai jamais oublié vos généreuses manières avec moi, lorsque

je fus pris, il y a quinze ans, à l'affaire
de......., et j'ai bien de la joie si vous
me mettez à même de vous en témoi-
gner ma reconnaissance, en vous don-
nant dans mon château tous les plaisirs
qui dépendent de moi et de Madame ».
Dans toute autre circonstance j'aurais
ri de la construction de cette phrase ;
mais je ne pensais guère à plaisanter,
surtout lorsque j'entendis mon respectable époux continuer ainsi ; car le Lord,
le plus silencieux des Anglais, et ce
n'est pas peu dire, ne cherchait point à
l'interrompre ; seulement il lui serrait la
main : « Pièn aise, Monsié, de fous foir, »
était la seule phrase qu'il eût encore pro-
noncée. Le Baron continuait : « J'ai une
double satisfaction à voir *vos grâces*,
puisque j'ai l'honneur de vous présenter
milady Lincton, ma vertueuse épouse,
votre cousine, issue de germain. — Medeme, lady Lincton ! vous voulez rire,

mon hami ». Non, sûrement. « Medeme lady Lincton être un petite bos-
sue bien laide; medeme grande, bien
faite, joulie. Oh! joulie, bien beaucoup! »
Je sentis aussitôt que j'étais perdue, et
voulus inutilement chercher des moyens
de me tirer d'affaire; mon imagination
ne m'en présentait pas, ce qui ajoutait
à mon tourment. Le Lord me fixait
comme quelqu'un que l'on connaît, et
ses traits se rappelaient à ma mémoire,
quand tout à coup il s'écria : « Ah!
c'est le petite Jenni Harid, le fille du
pasteur du village où je suis né; ce digne homme! il est morte dans mes bras.
Je suis bien content que ce petite Miss
ait fait une si belle fortune, lui mériter
bien, car il est bien joulie le petit Miss ».
Le Baron me regardait avec des yeux
menaçans. Le Lord était tout surpris
que ce qu'il disait causât tant d'étonnement. Il gardait comme nous le silence,

que je n'avais pas le courage de rompre,
quand le Baron, me poussant par le bras,
me dit : « Répondez donc à cette in-
jurieuse inculpation : Etes-vous Jenni
Harid ou milady Lincton, parlez » ?
Ses yeux étincelaient de colère, il grin-
çait des dents, ses mains étaient agitées
de mouvemens convulsifs, je crus que
la goutte en remontant l'étoufferait, et
m'éviterait par là la cruelle nécessité
de lui répondre ; et alors il me semblait
que je pourrais, par quelque moyen que
ce fût, engager le Lord à garder le silence,
pour me laisser jouir en paix de mon
douaire, qui était de quarante mille florins de rentes. Mais non, la fureur du Baron ne le priva d'aucunes de ses facultés.
Il ne cessait de me dire : « Parlez donc,
ou je croirai que tout ce que dit le Lord
est vrai. — Oh ! très-vrai ! miss Jenni le
sait bien. — Non, je ne le sais, ni ne
veux le savoir ; vous êtes un monstre

qui, par une calomnie atroce.... — Ah!
vous plutôt un petit jouli monstre ; avoir
apparemment menti, mais moi point
vouloir mal à vous ; toujours vous gen-
tille infiniment beaucoup ; je croyais
plus que dans le minute de votre jeunesse. — Quoi ! vous auriez eu l'audace
de vous dire de l'illustre maison de
Lincton, tandis que vous ne seriez
que la fille d'un ministre anglais ! Si je le
croyais, je vous passerais mon sabre au
travers du corps. — Je m'y mettrai à la
devanture ; le petit Miss est tout aimable, pas tuer pour lui. — Parlerez-vous
enfin ? — Que voulez-vous que je dise ?
c'est un jeu concerté entre vous et le
Lord, pour trouver le moyen de rompre nos nœuds, parce que le Ciel m'a
refusé jusqu'à ce jour le bonheur
d'être mère. Et me couvrant les yeux je
me mis à pleurer. « Pleurez, pleurez,
vous en aurez tout le loisir. Mon cher

Lord, je m'en rapporte entièrement à votre loyauté. Est-il bien vrai qu'elle soit Jenni Harid. « Vrai, comme ami à vous pour la vie ! moi, John Adisson; mais ne vous en rapporter pas à moi là-dessus; écrire à mon cousin le lord Lincton; il vit sûrement, et Milady aussi.— Vous voyez, femme perfide, que la vérité se découvre pour vous accabler. Vous m'avez dit vos père et mère morts, tandis que lord Lincton et son épouse sont pleins de vie. — Ce ne sont pas là mes parens; les miens étaient d'une autre branche. « Mon petite Miss, bien fâché très-fort; mais pas l'autre Lincton, dans toute le Angleterre, que ma cousin, ses deux fils et son petite vilaine fille, toute rabougrie. Mais, mon cher Baron, ne vous en rapporter pas à moi ; écrire au lord Maire, lui vous instruira de tout, et en attendant le réponse pas rien dire. Vous avez raison, mon cher Lord, je vais écrire; j'adresserai ma lettre à notre ambassadeur; et comme vous le dites, en attendant la réponse, gardons le secret; mais je vous assure que, pour être retardée, ma vengeance, n'en sera pas moins terrible ». Le Lord vit que je pâlissais. « N'ayez pas peur, mon petit Miss, il ne vous fera point de mal; j'aurai soin de le fille de mon vertueux ami, et vous reconduirai dans votre pays. Le misère il fait faire bien des choses! » — Oh! ce n'est pas la misère! » Alors le Baron raconta tous les détails de notre prétendu mariage. L'Anglais trouvait bien que j'avais tort; mais il était devenu amoureux, et il roulait déjà dans sa tête le projet de me soustraire à la colère du Baron, qui écrivit en effet. Il suivit le conseil du Lord, et à l'extérieur ne changea rien à notre manière accoutumée; seulement, il prétexta que son médecin lui ayant ordonné de passer seul les nuits,

il coucherait dans un appartement séparé
du mien, ce qui fit que je me livrai
sans contrainte à ma douleur ; car je
voyais bien que j'allais tout perdre : aussi,
loin de rejeter les propositions du
Lord, je me promis de mettre tout en
œuvre pour augmenter l'intérêt qu'il
me témoignait. Je le trouvais infiniment
plus aimable que le Baron. Je pensais
bien qu'il ne m'épouserait pas de prime-
abord ; mais j'étais sûre de ne manquer
de rien avec lui : il me ramènerait dans
ma Patrie ; et peut-être, en me conduisant
bien avec lui, finirais-je par le déterminer
à me donner son nom. Ces pensées me
calmèrent, je m'endormis profondément.
Le lendemain j'employai, comme je
l'avais résolu, tous les moyens que je
pus imaginer pour enlacer le Lord de
manière à ce qu'il ne pût m'échapper ;
et il faut dire le vrai, il allait au-devant
de la séduction. Le Baron, sombre, sévère,

ne m'ouvrait pas la bouche; je causais
avec l'Anglais, et je trouvais de plus en
plus que son caractère sympathisait avec
le mien bien mieux qu'avec celui de
M. de Lingtenschen. D'ailleurs, nos âges
se rapprochaient davantage; il pouvait
avoir environ quarante ans, et le Baron
en avait au moins soixante. Peu à peu
la confiance s'établit. Je ne convenais
pas tout-à-fait avec ce Lord de la vérité;
mais je ne la repoussais que faiblement.
Il me parla de madame Walk, de son
frère, qu'il connaissait parce qu'ils étaient
du même canton que John. Je lui dis
que ce dernier était à Bâle. « Nous
irons le voir, reprit-il, car nous voya-
gerons ensemble; n'est-ce pas mon petite
Miss » ? A ces doux propos, je ne répondais ni oui, ni non; je ne répondais
rien.

CHAPITRE XXVI.

Adieux au Baron. — Les Brigands. — Situation affreuse.

Enfin le courrier rapporta la réponse du lord Maire. Heureusement pour moi John Adisson était présent, car je ne sais à quel outrage le furieux Baron ne se serait pas porté ; mais le Lord lui dit en allemand, et avec beaucoup de fermeté : « Sachez, M. le Baron, que Lord Adisson jamais ne souffrira que qui que ce soit maltraite une femme en sa présence. Miss n'est plus lady Lingtenschen, puisque haviez épouser une Lincton ; mais pour n'être plus cousine germaine avec moi, n'être pas moins le mien compatriote, la fille d'un homme que j'ai aimé, respecté ;

je la prendre sous ma sauve-garde, et
partir dans l'instant avec elle. — Partez
Milord, je ne vous retiens ni l'un ni l'autre. Vous pouvez, ajouta le Baron en
s'adressant à moi, emporter tout ce qui
était à votre usage, excepté les diamans.
Je vous donne en outre six mille florins
que voici (et il me remit une bourse qui
contenait cette somme en or), mais
partez, et gardez-vous de prendre jamais mon nom. Je vais me retirer dans
une terre que j'ai en Hongrie; je vous
défends de m'approcher, vous et vos infâmes agens; car, dans mon ressentiment, je ne sais à quelle extrémité je
me porterais contre tout ce qui peut avoir
participé à cette œuvre de ténèbres ». Le
Baron pouvait, quant à moi, s'épargner
ces menaces; je n'avais aucunement le
désir de le revoir jamais.

Mes femmes, qui ne savaient rien
de ce qui se passait, firent mes malles,

croyant que je partais avec le Baron, qui avait annoncé son départ pour Bude ; mais au moment de charger les effets du Baron, je dis à ses gens de placer les miens sur la voiture du Lord. Ils obéirent, non sans quelque étonnement ; j'allai reporter moi-même mon écrin au Baron, qui l'ouvrit, examina s'il était complet, en tira une fort belle paire de de boucles et une bague. — C'est à Jenni Harid, dit-il, que je fais ce présent ; elle en eût obtenu de plus magnifiques, et peut-être tout mon bien, si..... mais c'est un parti pris. Je souhaite que vous soyez heureuse ; pour moi, je serai toujours le plus infortuné des hommes, car je vous ai tendrement aimée, et encore aujourd'hui. Je me hâtai de le quitter ; je mourais de peur qu'il ne m'offrît de m'épouser de la main gauche. Or, j'avais encore sur le cœur les expressions outrageantes de sa brutale colère,

et d'ailleurs j'aimais le Lord. Ce généreux
Anglais m'attendait : nous montâmes en
voiture, et nous prîmes le chemin de
Bâle. Il fut charmant avec moi ; un Français n'aurait pas montré plus de délicatesse. Loin de chercher à se prévaloir
du service qu'il m'avait rendu en me
mettant à l'abri du ressentiment du Baron, il semblait, au contraire, chercher
à se faire pardonner son indiscrétion,
qui me privait d'une si grande fortune ;
et il attendait tout de son amour et du
mien, car il aurait fallu être pourvu
d'une bien forte dose de modestie pour
ne pas reconnaître en moi un sentiment que je ne prenais aucun soin de
cacher.

Nous passâmes quinze jours dans un
véritable enchantement. Nous voyagions
à petites journées ; nous arrêtâmes partout où quelque chose d'intéressant mé-
ritait notre attention ; partout nous étions

bien reçus, parce que le Lord était de la plus grande générosité. Cependant, j'avoue que je savais bon gré au Baron de m'avoir mis dans une position où j'étais indépendante, et qui devait ôter à l'estimable John toute idée que je me fusse, par nécessité, jetée dans ses bras.

Nous devions voyager pendant deux ans, et de retour en Angleterre un mariage secret aurait uni nos destinées. Je me trouvais la plus heureuse des femmes lorsque, traversant un bois peu fréquenté, une troupe de brigands fondit sur nous. Le Lord et ses gens se défendirent avec un courage de lion; ils firent mordre la poussière à plusieurs de ces scélérats; mais enfin ils furent accablés par le nombre. J'eus l'affreuse douleur de voir tomber à mes pieds mon cher Lord; le postillon, le valet de chambre de John et son jockei eurent le même sort; alors, ceux des brigands qui avaient échappé aux coups du redoutable Anglais et de ses gens, s'emparèrent de tout ce que je possédais, me déshabillèrent entièrement, ne me laissant qu'une simple jupe, dételèrent les chevaux, placèrent dessus leur butin et s'enfuirent. Mon premier soin fut de chercher à ranimer mon malheureux ami, dont je voyais le corps sanglant à la faible clarté de l'astre de la nuit. Je voulus soulever sa tête, mais inutilement ; je le couvrais de mon corps, je tâchais de le réchauffer de mon haleine, mais tous mes soins restèrent sans aucun effet : la Parque avait pour jamais fermé sa paupière. Désespérée, je voulais m'éloigner de cette scène de douleur. Mais où porter mes pas au milieu de la nuit ? Je pris donc le parti de remonter dans la voiture et d'y attendre le jour que je redoutais, parce qu'il ne pouvait m'offrir qu'un horrible spectacle. Le Lord, ses

pauvres valets, victimes de leur attachement pour leur maître, étaient couchés à ses côtés, sur la terre rougie de
leur sang. Dans le même espace étaient
aussi les corps des voleurs, que leurs
camarades avaient négligé d'enlever. Le
silence de la mort régnait autour de
moi. J'aurais voulu comme eux ne me
réveiller jamais ; et je ne doute point
que cette nuit là n'eût été la dernière de
ma vie si j'avais eu des armes ; mais
les voleurs les avaient emportées. Il me
fallut donc compter péniblement toutes
les heures de cette affreuse nuit ; je les
entendais sonner à une église qui, d'après
le son de la cloche, ne pouvait être éloi-
gnée. Enfin celle du matin annonça
l'aurore, et le bruit confus des ouvriers,
des laboureurs qui allaient reprendre
leur ouvrage, me fit espérer de voir
bientôt venir sur la grande route où
j'étais, des hommes qui auraient peut-

4 *

être pitié de moi. En effet, une voiture que j'entendais rouler de loin et le bruit du fouet, ne me laissèrent plus aucun doute sur ma prochaine délivrance.

Le jour commençait à poindre. Je ne distinguais encore aucun objet, et heureusement pour moi, je ne savais pas encore dans quel état j'étais; car je crois que j'aurais plutôt fui les regards des humains que désiré de les voir. J'écoutais avec attention si la voiture s'approchait et j'en fus certaine : j'entendais distinctement le charretier parler à ses chevaux dont le pas retentissait jusqu'à moi. Enfin il approche si près, que ces animaux, effrayés par les cadavres qu'ils aperçoivent, sans distinguer ce que c'est, s'arrêtent et refusent d'avancer. Enfin le charretier en voit la cause avec horreur, et craignant d'être compromis dans ce meurtre, il ne pense qu'à s'éloigner. Je l'appelle, mais il ne me répond pas. Je l'assure qu'il n'a rien à craindre, qu'il ne sera pas exposé à être mal jugé, que je déclarerai solennellement tout ce qui s'est passé, et qu'il sera facile de se convaincre de la vérité. Tout ce que je disais se perdait dans le vide de l'air. L'homme, persuadé qu'il serait en butte à la justice s'il me portait le moindre secours, pressa le pas de ses chevaux et s'éloigna à toute bride. J'en éprouvai un redoublement de douleur; mais lorsque j'aperçus aux premiers rayons du jour à quel point j'étais effrayante, je cessai pour un instant de désirer qu'on vînt à moi.

Mes mains étaient couvertes de sang et j'augurais que mon visage ne devait pas l'être moins. Le peu de vêtemens que j'avais s'en était pénétré, lorsque j'avais cherché à ranimer mon pauvre ami; en le serrant dans mes bras, j'avais exprimé le sang des plaies encore récentes; j'avais

collé mes joues contre les siennes, qu'une
large blessure à la tête en avait im-
prégnées ; j'avais pressé mon cœur sur
son cœur sanglant. Avec quelle angoisse
je me vis ainsi couverte du sang de
l'homme que j'avais le plus éperduement
aimé. Vous frémissez à cette image.
J'aurais peut-être dû vous l'épargner ;
mais vous eussiez ignoré une de mes plus
mortelles douleurs.

Je ne savais, comme je vous l'ai dit, si
je devais désirer ou craindre d'être vue
d'aucune créature humaine, quand j'entendis de nouveau le bruit d'une troupe
d'hommes à cheval ; c'était en effet des
marchands qui allaient à Vienne, et qui
sachant que la route était dangereuse,
s'étaient fait escorter par les gardes de la
forêt. Ils étaient environ douze à quinze,
ils mirent pied à terre et me prodiguèrent
mille témoignages d'intérêt, ne formant
pas le plus léger doute sur l'épouvan-

table événement, que je leur racontais avec un trouble extrême.

Trois des gardes se détachèrent pour aller avertir le juge du village dont j'ai parlé; on lui remit une déclaration, puis on enleva le corps du Lord, ceux de ses domestiques et des voleurs. On les mit tous sur un même charriot qu'on avait amené. On attela des chevaux à ma voiture, le juge s'y plaça à côté de moi, et on nous conduisit ainsi à Ratisbonne. Je demandai qu'on eût la charité de me faire entrer dans la première maison pour enlever au moins les traces du meurtre de mon parent; car ayant déclaré le nom du Lord pour éviter toute autre question, je me fis passer pour sa nièce. On s'empressa de me satisfaire: le juge m'accompagna lui-même chez sa sœur, qui me donna les plus tendres soins. Elle avait un bain préparé pour elle qu'elle me força d'accepter; en en sortant elle me revêtit de ses propres habits, et me mit ainsi en état de paraître devant les juges souverains sans faire éprouver un sentiment d'effroi. Je priai seulement madame Motter de permettre que ma voiture restât chez elle, et lui demandai aussi de chercher quelqu'un qui pût me l'acheter, afin de me procurer une robe et un peu de linge à mon usage. Madame Motter ne demanda pas mieux; je me rendis chez le juge souverain, où je renouvelai ma déclaration; et en rentrant, je trouvai pour ma voiture un acquéreur qui m'en compta trois cents florins. Madame Motter me comblait d'attention et d'égards, me croyant parente du Lord. J'achetai tout ce dont j'avais besoin, et après avoir passé huit à dix jours à Rasisbonne, je me décidai à quitter cette ville, et à me faire conduire par un voi-

turier, qu'on me dit être un fort honnête homme, à Ulm, d'où je voulais
gagner Strasbourg ; mais à peine arrivés dans cette ville j'y tombai malade.
L'image de mon cher John Adisson me
poursuivait. Une fièvre ardente, accompagnée de délire, me retint plus de quinze
jours dans mon lit. Enfin la force de
mon tempérament et la jeunesse sur-
montèrent cet état, et je revins à la vie
que je détestais depuis que j'avais perdu
tout ce qui en fait le charme.

CHAPITRE XXVII.

Extrême détresse de l'ex-Baronne. —
Nouvelle condition. — La sœur de
lait. — L'incendie.

JE voyais mon argent diminuer sensi-
blement; il me restait encore bien du
chemin à faire pour être à Strasbourg.
Je n'étais pas accoutumée aux priva-
tions, ne m'étant jamais trouvée en butte
à la misère : chez mon père il régnait
une honnête aisance; et quand je fus réduite à vendre ma liberté, je l'échangeai
contre une vie douce et sans inquiétude.
Je ne parle point de ma grandeur passée
chez le Baron, encore moins du bonheur indicible dont je jouis si peu de
temps avec mon cher Lord. Mais me

voir tout à coup exposée aux horreurs de la faim, être réduite à porter les livrées de la mendicité ; voilà ce que je ne me sentais pas capable de supporter, et cependant je ne pouvais me dissimuler que c'était le sort dont j'étais menacée. Si j'eusse su où vous étiez, je vous aurais été rejoindre. Je ne me vis donc pas d'autre ressource que d'entrer encore au service de quelque grande dame allemande ; j'en parlai à madame Charles, mon hôtesse. Elle me proposa ; je me présentai chez madame de Mitternacht, que l'on lui dit avoir besoin d'une interprête anglaise, ayant une correspondance très-suivie avec une Lady qui ne savait pas écrire un mot d'allemand. Jusqu'alors un de ses cousins, qui parlait et écrivait les deux langues, lui avait servi de sécretaire ; mais elle était d'un caractère si bizarre, que ce pauvre garçon aima mieux prendre un mousquet dans

les troupes de l'Empereur, que de supporter plus long-temps les caprices de
son impérieuse parente.

Madame Charles, hôtesse, ne me
dissimula point les défauts de la maîtresse à laquelle elle me proposait de
m'attacher. Je lui répondis que dans
l'alternative où je me trouvais, de prendre cette place ou de mourir de détresse, je préférais le premier parti.
D'après cette réponse, elle me conduisit aussitôt chez cette dame. Elle habitait le plus beau quartier et la plus belle
maison de la ville, et tout cela n'était
pas très-merveilleux. Madame Charles
était très-familière chez madame de
Mitternacht, parce qu'elle était fille de
sa nourrice. Elle entra donc sans aucune cérémonie chez l'Allemande et lui
dit : Voilà une jeune Anglaise qui vous
convient, tâchez de la garder si vous
pouvez, car vous n'en trouverez pas

toujours de semblable. — Vous oubliez, madame Charles, la distance qu'il y a d'une dame de la noblesse immédiate de l'Empire avec une citadine comme vous. — Oh ! non, je n'oublie pas la différence ; elle est réelle. Je suis grande, bien faite, je me porte à ravir ; je ris, je chante tout le jour. Mon mari, mes enfans m'aiment de tout leur cœur. Chacun vient à mon auberge avec plaisir, parce que je suis affable. Vous, vous êtes petite, maigre, toujours malade, toujours sombre, toujours chagrine ; votre humeur jalouse a tellement déplu à votre époux, qu'il a mieux aimé aller au fond de la Hongrie que de vivre ici près de vous. On dit que vous avez fait mourir vos enfans de chagrin. Personne ne vient vous voir, parce que personne ne peut supporter votre orgueil et vos dédains ; vous voyez, d'après ces deux portraits, qu'il y a en

effet une grande différence entre nous.
— Madame Charles, vous abusez de ma
bonté. — Dites de votre position ; j'ai
tort... Mais laissons cela.

Voici la demoiselle de compagnie que
je vous amène, gardez-la si vous pouvez. — Mademoiselle écrit l'anglais et
le lit ? — Oui, Madame. — Vous mangerez avec moi tant que je n'aurai
point à ma table de Prince souverain.
— Et vous y mangerez souvent, interrompit en riant madame Charles, car
il n'en vient guère ici. — Vous aurez
un appartement près du mien ; je vous
préviens que je dors peu, et qu'il faut
veiller avec moi. — Par pure fantaisie, interrompit la sœur de lait. — Mais
je donne de gros appointemens, bien
payés. — Combien lui donnerez-vous,
dit encore sa sœur de lait ? — Mille florins par an ; sera-ce assez ? — Je fis,
pour toute réponse, une inclination. Je

n'avais pas le courage de parler. Je trouvais cette femme si bizarre, la manière
dont l'aubergiste lui avait parlé si extraor-
dinaire, que je n'y pouvais rien com-
prendre. Madame Charles s'en allait, je
lui demandai ce que je lui devais. —
Rien, ma sœur me paiera. — Votre
sœur?—Sûrement, ce nom vous étonne;
nous avons été nourries du même lait?
Eh!... je ne veux rien dire; mais il ne
tiendrait qu'à moi d'être à sa place, j'ai
préféré la mienne ».

Je crus alors que la mère Charles était
folle. Cependant j'ai su depuis qu'en
effet sa mère, qui était nourrice de
l'enfant dont madame de Walter était
accouchée, la changea contre le sien.
Cette femme, à l'article de la mort le
déclara à la fille de madame Walter,
qui était cette madame Charles. Celle-
ci, mariée à un homme qu'elle aimait,
dont elle avait des enfans, ne voulut

point reprendre son ancien état, dans la crainte qu'on ne la contraignît à quitter les objets de ses affections ; elle exigea seulement de sa nourrice qu'elle apprît à sa fille qui elle était. Celle - ci était unie au Baron de Mitternacht, qu'elle rendait le plus malheureux des hommes. La crainte de perdre son rang la mit au désespoir ; elle en devint plus méchante, et son humeur hautaine la rendit insupportable. La mère Charles était la seule qui lui dît ses vérités, et elle n'osait s'en venger, parce qu'elle ne doutait pas qu'elle eût tous les moyens de la faire rentrer dans la poussière.

Je trouvais dur d'être attaché à une femme qui valait moins que moi ; mais je pris mon parti et tâchai d'y rester, ce qui me sembla, dès le premier moment, presque impossible. Cette femme, poursuivie par la crainte de perdre son rang, n'avait pas un moment de repos.

Son seul plaisir était d'écrire à une Anglaise qu'elle avait connue à Ratisbonne, et avec qui elle avait quelque-
fois le dessein de se retirer en Angleterre.
mais madame Charles ne voulait pas
permettre qu'elle déclarât la supposi-
tion.|Le bonheur qu'elle goûtait dans sa
douce médiocrité, étant à ses yeux mille
fois préférable au rang et à la fortune.

J'étais depuis quinze jours chez la
Baronne. J'allais prendre le parti de la
quitter, ne pouvant résister à ne pas dor-
mir de la nuit, quand je retournai chez
la dame Charles pour la prier de me
trouver quelque chose de plus suppor-
table que Madame sa sœur. Comme je
passais dans la rue, je vis une française
que je crus reconnaître. Elle s'approcha
de moi, et me dit: Vous souvenez-vous
de la pauvre Natalie? — Vous! Madame,
car je savais que Natalie avait épousé le
marquis de Verceil. Et par quel hasard

êtes-vous seule, et paraissez-vous si mal-
traitée de la fortune ? — Je vous l'ap-
prendrai, me dit-elle; mais ma chère
Jenni, tâchez de me faire donner à dîner, car je meurs de faim. Je la con-
duisis chez madame Charles, qui nou
reçut très-bien. Madame de Verceil m
raconta tout ce qui lui était arrivé, e
comme elle avait fui le terrible Lormin
et vécu depuis du produit de quelque
bijoux. Il ne lui restait pas un kreut
zer. Madame Charles l'assura qu'ell
pouvait rester chez elle tant qu'elle vo
drait.   *

Le désir d'être utile à la Marquis
me fit supporter pendant quelque tem
encore mon insupportable maîtresse.
Je sentais tout le prix de cet acte
dévouement, interrompit la Marquis
et je ne l'eusse pas accepté, si je n'av
pas conservé l'espoir de m'acquitter
France où, grâces au Ciel et surtout

nos généreux amis, nous allons enfin rentrer. — Hélas! nous n'y sommes pas encore; mais reprenons le fil de mon récit. Enfin, ne pouvant plus résister à l'ennui qui me dévorait, je priai mon auguste maîtresse de me faire payer ce qui m'était dû, et je revins chez madame Charles. Celle-ci nous donna une lettre pour la femme d'un gentilhomme des environs de Worms; elle nous fit une malle qui contenait assez de linge et de robes pour que nous ne manquassions de rien pendant plusieurs mois. Elle y ajouta cinq cents florins dont la Marquise lui fit son billet; nous prîmes une voiture, et nous voilà encore une fois, non sur le chemin de Strasbourg, mais sur celui de Worms. Le temps était beau, la route facile, et le charriot de poste que nous avait donné l'excellente madame Charles, était assez doux. Nous parlions de nos malheurs, et nous espérions qu'ils

Tome II. 5

étaient à leur terme, quand le postillon
nous dit qu'il fallait nous arrêter dans
une auberge à moitié chemin de Worms,
où nous serions très-bien. Elle était située
dans un fort joli village sur les bords du
Danube. Nous y fûmes fort bien reçues,
et après un souper assez bon, nous nous
couchâmes. Au milieu de la nuit nous
fûmes réveillées par des cris affreux, et
nous nous vîmes environnées de flammes.
Le premier mouvement fut de chercher
à fuir ce cruel danger ; la fenêtre n'était
pas élevée, nous la franchîmes. Mais si
nous eûmes le bonheur d'échapper à ce
péril, nous n'en perdîmes pas moins tout
ce que nous possédions, qui fut la proie
de l'incendie. Nous nous trouvions de
nouveau réduites à la plus affreuse misère. Tout le village était dans la même
situation, l'élément terrible en ayant réduit les maisons en cendres ; et nous ne
pouvions espérer de secours de personne.

Comme nous déplorions notre sort, il passa un détachement de cavalerie des Nationaux: les officiers qui le commandaient, voyant que nous étions Françaises, nous proposèrent de venir avec eux à Mayence. Nous étions si légèrement vêtues, qu'il était impossible de monter en croupe ainsi qu'on nous l'offrait. Deux d'entre eux nous donnèrent leurs redingotes, nous prirent sur leurs chevaux, et nous voilà parties, sans savoir ce que nous deviendrions.

CHAPITRE XXVIII.

*L'escarmouche. — Nouveau désarroi.
— Nouvelles du prisonnier.*

« Nous suivions assez douloureusement
notre chemin, quand le détachement fut
rencontré par un corps de troupes Prus-
siennes beaucoup plus considérable que
le nôtre; cependant comme les Français,
quelque cause qu'ils défendent, portent
presque toujours la bravoure jusqu'à
la témérité, les nôtres présentèrent le
combat aux bandes de Frédéric ; mais
avant d'engager la bataille, nos écuyers
nous conseillèrent de descendre et de
nous tenir cachées dans un petit bois,
où ils viendraient nous reprendre quand
ils auraient fait mordre la poussière à ces

Prussiens, qui n'oseraient pas tenir contre eux.

» Nous suivîmes cet avis prudent, et nous nous enfonçâmes dans un taillis assez fourré qui empêchait, non-seulement qu'on nous vît, mais nous dérobait l'aspect toujours révoltant d'hommes se battant avec des armes meurtrières, cherchant à s'entre-tuer, et tout cela sans qu'individuellement ils aient rien à se reprocher. O folie humaine ! pourquoi faut-il qu'on te doive la grandeur d'âme, le courage, la gloire, qui en est la noble fille ? De telle manière qu'on ne sait où se rattacheraient ces grandes vertus, si le vœu du digne abbé de Saint-Pierre pouvait se réaliser.

» Quoi qu'il en soit, nous avions bien assez d'entendre la plus vive fusillade, les cris des combattans, sans voir ruisseler le sang, tomber à chaque instant des

braves dignes d'un meilleur sort , et surtout d'une meilleure cause. Nous ne
fûmes instruits de la fin de la bataille que
parce que nous n'entendîmes plus aucun
bruit; et ne voyant pas revenir à nous ceux
qui nous avaient recueillis, nous ne dou-
tâmes pas , comme nous le croyons encore, qu'ils n'eussent succombés pendant
l'action; ainsi la fortune nous remet-
tait encore une fois à la merci de la misère.

» C'en était trop; et, sans nous la
communiquer, nous prîmes toutes deux
la résolution de mettre un terme à une
existence qui n'était plus pour nous
qu'un fardeau insupportable. Seulement,
n'ayant pas lu dans l'âme l'une de l'autre,
chacune de nous était occupée à dérober
à sa compagne le douloureux parti qu'elle
avait pris; mais peu à peu nous nous
entendîmes; et comme il ne faut pas plus

d'efforts pour sortir de la vie que pour y entrer ; nous espérions trouver bientôt les moyens de

rompre de nos jours le fil trop délié.

Boileau.

« Remplies de cette pensée, nous quittâmes notre asile. Nous marchâmes du
côté opposé à celui où les deux troupes
s'étaient rencontrées ; et nous aperçûmes,
à la fin du bois que vous voyez d'ici,
ce pauvre village. Nous nous y traî-
nâmes, et là... vous savez le reste.
Grâce ou malheur à vous, nous voici
rembarquées sur cette mer orageuse
qu'on nomme la vie ; nous verrons qui
de nous ou de vous avait raison ». Bloc
assura que c'était lui ; car il ne lui était
pas si bien démontré qu'à ses compagnons, qu'il n'y eût pas un *Colonel* au-
dessus de ce vaste univers, qui ne trouvait pas bon peut-être que les sentinelles
quittassent leur poste sans ses ordres.

Léonide sourit de pitié ; mais n'en était pas moins fort aise d'avoir sauvé ces dames de leur propre fureur, d'autant plus qu'elle se flattait qu'elles pourraient lui être utiles. Il fut convenu qu'on ne rentrerait à Mayence qu'à la fin du jour, afin de ne pas faire remarquer Jenni et sa compagne. On leur donna des montures, et on se remit en marche pour revenir à la ville, où l'on dit que Jenni éviterait de se montrer, pour n'être pas en butte aux questions qu'on n'aurait pas manqué de faire à celle qu'on croirait encore la baronne de Lingtenschen. Comme le général Bloc ne comptait pas rester long-temps dans Mayence, cette courte retraite ne pouvait déplaire à Jenni, qui avait grand besoin de se reposer de tant de fatigues et de douleurs.

Quant à la Marquise, elle espérait retrouver quelqu'un qui lui faciliterait les

moyens de rentrer en France, où elle
avait le plus grand désir de se rendre.
Cependant on prodiguait à l'une et
à l'autre, chez madame Bloc, tout ce
qu'elles pouvaient désirer : elles étaient
à peu près de la même taille que Léonide; celle-ci s'empressa de partager
avec elles ses robes, son linge, ses den-
telles, les priant d'en user comme si
elles étaient à elles, bien sûre de n'être
pas désapprouvée par le Général, qui
était la générosité même.

Léonide voulait absolument savoir ce
que son ami Walk était devenu. Ayant
appris que la baronne d'Asbourg était
revenue des eaux, elle se décida à aller
au château d'Ilkireh, lieu que la Baronne
habitait alors, et qui était fort peu éloi-
gné de cette ville. On pense bien que
Jenni ne l'accompagna pas chez cette
dame. M. Bloc n'approuvait pas cette
démarche; mais son aveugle passion pour

5 *

sa femme ne lui permettait pas de la
contrarier. Madame la marquise de
Verceil, qui avait trouvé dans les malles
de la Générale tout ce qu'elle pouvait
désirer, fut enchantée d'aller avec son
ancienne compagne voir la magnifique
Baronne, dont elles s'apprêtaient à bien
rire. En moins d'une heure elles furent
à Ilkireh. La Baronne ayant su que
c'était la marquise de Verceil et mademoiselle de Mansville, car cette dernière
s'était fait annoncer sous ce nom, vint
au-devant de ces dames jusque sur le
perron du château.

Léonide l'apercevant fit ouvrir sa
voiture, et s'empressa de descendre, ainsi
que la Marquise, pour saluer la Baronne,
qui les reçut avec sa dignité accoutumée:
après les complimens d'usage, elle les
conduisit dans cette vaste galerie où
M. de Lingtenschen avait donné un si
beau bal à Jenni. Léonide se rappela cet

instant de triomphe de l'Anglaise, et en
fit intérieurement la comparaison avec
celui où cette même Jenni n'avait pas
même une bonne corde pour se pendre ;
elle ne pût, à cette occasion, s'empêcher de songer à l'extrême promp-
titude avec laquelle tout change sous le
soleil. Elle le pensa pour Jenni, et n'i-
magina pas qu'elle-même offrirait peut-
être un jour un exemple plus frappant
de l'instabilité du sort.

On traversa la galerie, un grand salon, et enfin on arriva dans la chambre
de parade où l'on recevait les visites des
dames qui honoraient de leur présence
l'illustre Baronne ; car les hommes étaient
seulement introduits dans le salon. Quand
on fut assis, cette dame s'exprima en ces
termes : « Je suis enchantée, Mademoiselle, de vous revoir, pour vous parler
de l'infâme personne qui osait se dire
votre amie ; comme elle avait l'audace

de se nommer Lincton. N'avez-vous
pas frémi en apprenant cette horrible
imposture? » La renommée, Madame,
en a publié quelque chose, et nous en
avons été indignées. Ce n'est pas d'elle
que nous voulons nous entretenir; mais
de ce digne et estimable Baron. Où est-il?
N'aurons-nous donc pas le plaisir de le
voir? — Je ne le crois pas, à moins que
vous n'alliez du côté de Bude, où il
compte finir ses jours. Il m'a écrit der-
nièrement, et je veux vous faire part de
sa lettre, qui vous prouvera jusqu'à quel
point cette étrange créature et ses dignes
complices ont porté l'audace.

Lettre du baron de Lingtenschen à son illustre cousine et amie, madame la baronne d'Asbourg, comtesse d'Ilkereh, etc.

Le 5 juin 1794.

« Ma très-chère et très-honorée cousine ».

Le Baron débutait par les plus grandes protestations d'estime et de respect; il traitait assez brièvement quelques affaires relatives à la Baronne, et qui ne seraient d'aucun intérêt pour le lecteur; il en venait ensuite aux siennes propres, et terminait sa lettre par ce paragraphe, le seul qui pût faire quelque impression sur notre héroïne :

«..... Je croyais impossible de porter plus loin l'audace que certaine créature, à laquelle je ne puis encore penser de sang-froid, car je l'adore et la hais tout ensemble. Vous imagineriez-vous, ma chère cousine, que loin d'être humiliée au point de rentrer sous terre s'il était possible, elle a encore tenté de me tromper de nouveau. Elle a envoyé chez moi ce coquin d'Anglais, qui y était déjà venu sous le nom de lord Lincton. Je l'ai su, et ne pouvant contraindre ma juste colère, j'ai pris soudain la résolution de tirer de lui une vengeance éclatante. Je le fis arrêter, et conduire sur le haut d'une tour qui tient à mon château. Il y passera six mois, sans communication avec qui que ce puisse être ; puis je lui ferai donner cinquante coups de bâton, et lui signifierai moi-même son bannissement, sous peine de mort, de toute l'étendue de mes domaines. Si vous revoyez madame la comtesse de Mansville, dites-lui que je suis loin de la soupçonner d'avoir rien su de ces abominations. Une dame d'aussi haute vertu et noblesse est incapable de manquer aussi grièvement à l'honneur.

Recevez l'assurance des sentimens res-pectueux avec lesquels j'ai l'honneur d'être, Madame et très-chère cousine,

Votre très-humble et très-obéissant serviteur,

Le baron DE LINGTENSCHEN ».

Madame Bloc fut très-effrayée du sort préparé à ce pauvre Walk; elle avait tou-jours de l'amitié pour lui. Elle résolut donc de le tirer d'affaire. Son premier soin fut de dissimuler vis-à-vis de la Ba-ronne le sentiment douloureux que cette lettre lui causait; elle parut, au contraire, approuver la vengeance du Baron, et promit d'en faire part à sa mère, qu'elle ne dit pas être rentrée en France. Elle ne parla pas davantage de son mariage avec M. Bloc, qui aurait fait sauter aux nues

la Baronne, plus entichée que jamais de
sa noblesse. Le temps, qui menaçait
d'un orage, servit de prétexte pour abré-
ger une visite ennuyeuse pour Léonide, et encore plus pour la Marquise,
qui, craignant de rire au nez de la Baronne, gardait le plus profond silence.
Ces dames prirent congé de l'illustre
généalogiste, remontèrent en voiture et
donnèrent ordre de se rendre à Mayence
le plus tôt possible ; mais quelle que fut la
vitesse des chevaux, on n'arriva pas avant
l'orage, qui fut terrible. Les éclairs se
succédaient, et le tonnerre ne cessait de
gronder que pour éclater avec un fracas
capable de faire trembler les plus braves.
Ces dames, malgré leur courage, ne pu-
rent se défendre d'un sentiment d'effroi ;
elles ordonnèrent d'arrêter et d'attendre
que la tempête se calmât. A peine la voiture était-elle en repos, qu'un éclair
épouvantable embrasa la nue ; le tonnerre

tomba, avec un horrible fracas, au pied
du cheval d'un voyageur qui se hâtait de
se rendre à Mayence ; l'animal fut ren-
versé et mourut aussitôt. Le cavalier,
entraîné par sa chute, demeura quelques
instans dans un état de fixité qui fit
croire qu'il avait aussi perdu la vie ; mais
bientôt, faisant un effort, il se dégagea de
dessous son cheval et se releva de lui-
même. Léonide lui cria de venir se
mettre à l'abri dans sa voiture ; il y vint,
et à peine avait-il fait quatre pas, que
madame Bloc le reconnut pour Williams Melson, ce jeune officier qui l'a-
vait dans le temps aidée à faire prendre
le change au Baron sur le compte de
Jenni. La vie de St.-Pétersbourg ne lui
ayant point convenu, il revenait en Allemagne pour s'y fixer ; jugez de sa joie en
revoyant Léonide ; il cherchait Jenni et
s'étonnait de ne pas la reconnaître dans
la Marquise. Léonide l'assura qu'il la

verrait bientôt. Il prit place dans la voiture. Comme le Ciel paraissait plus calme, madame Bloc donna ordre de se remettre en marche, et pendant le trajet elle raconta à Williams tous les événemens qui s'étaient passés pendant le temps que l'Anglais avait été en Russie, et enfin les malheurs du pauvre Walk, que Williams avait connu en Angleterre, à Paris, et dont il aimait le caractère doux et complaisant. Il dit qu'il n'y aurait rien qu'il ne fît pour le sauver. « Cela ne serait pas impossible, reprit Léonide ; nous verrons ce que mon mari voudra faire ».

CHAPITRE XXIX.

Nouveau tour de madame Bloc. —
Siége de la forteresse. — Fureur
et soumission du Baron.

Ils en étaient là de cette longue conversation, dont je n'ai rapporté que quelques traits, quand on arriva à l'hôtel que
le Général habitait à Mayence; sa femme
lui présenta Williams. Il le reçut avec
grand plaisir, mais personne ne le vit
avec autant d'intérêt que Jenni. Elle
n'avait point oublié que c'était à lui
qu'elle avait dû les brillantes années de
sa vie; elle lui fit mille amitiés, et s'u-
nit à madame Bloc pour l'engager à
tenter la délivrance de Walk; mais il
fallait être secondé par Toussaint. Lors-

que sa femme lui en parla, il regarda
l'aventure comme fort périlleuse. Il
semblait pressentir les malheurs qu'elle
entraînerait sur lui. Cependant, sachant
que Williams voulait bien se charger
de conduire cette entreprise , il donna
son consentement. Après ce premier
point gagné, le difficile était de réunir
des hommes de bonne volonté à qui
l'appât du butin fit braver tous les dangers attachés à cette expédition. Williams
n'en voulait que cent ; il s'en trouva
plus de trois fois ce nombre. On fit choix
des plus intelligens ; on les monta, on
les équipa aux frais du Gouvernement,
et ils partirent, non comme une troupe
militaire, mais comme des marchands
qui allaient trafiquer sur les bords de la
mer Noire. Leurs passe-ports furent ex-
pédiés en conséquence ; ils avaient d'ex-
cellens chevaux, des armes et des mu-
nitions. Williams se mit à leur tête ; ils

traversèrent l'Allemagne et la Hongrie
sans faire aucune mauvaise rencontre, et
parvinrent au pied de la tour où était
renfermé le pauvre Walk, qui ne sachant pas de quelle manière devait se
terminer les six mois de son esclavage,
en attendait le terme avec assez de patience.

L'arrivée d'un nombre d'hommes
assez considérable sous les murs du
château, inquiéta le Baron ; il envoya
demander ce qu'ils voulaient. « La
liberté de mon compatriote, répondit
Williams, ou nous allons bloquer cette
forteresse de manière qu'il n'y entrera ou
n'en sortira quoi que ce soit au monde ».
Le Baron, effrayé de cette résolution, vint
parler à Williams, et sa colère reprit
toute sa force en le voyant. « Quoi ! dit-il,
vous osez venir ici, vous qui par un
mensonge atroce avez trompé.... — Votre
innocence n'est-ce pas ? Et ne pouviez

vous pas démêler que ce n'était qu'une plaisanterie : d'ailleurs, mon départ pour Saint-Pétersbourg, à cette même époque, prouve que je n'avais nulle envie de suivre sérieusement cette affaire ; convenez plutôt que vous vous êtes laissé aveugler par votre folle passion pour Jenni, et que peut-être eussiez vous bien regretté d'être détrompé quelques années plus tôt. Au surplus, il ne s'agit pas de cela ; nous sommes en force comme vous le voyez, il faut nous rendre Walk, ou nous allons mettre le feu à votre château, et passer au fil de l'épée tout ce qui l'habite, en commençant par vous ». Williams, à ces mots, donna ordre qu'on mit le sabre à la main. Le Baron vit bien qu'il avait affaire à trop forte partie ; son château était sur les bords du Danube dans une situation très-solitaire, à plus de huit lieues de Bude : ne pouvant faire sortir personne pour aller chercher du secours, il pensa qu'il valait mieux sacrifier son ressentiment que de le voir pillé, et d'être tué peut-être pour couronner l'œuvre ; il signa donc un ordre à ses gens de délivrer Walk, qu'il leur permettait de remettre au chef des assiégeans.

Williams avait reçu de Léonide des instructions secrètes qu'il avait à cœur de remplir, car son voyage en Russie l'avait fort épuisé. Il attendit néanmoins que Walk fût libre, pour s'occuper de cette seconde négociation. Fort peu de temps après, on fit sortir du château Walk, dont la joie ne fut pas médiocre, quand il aperçut Williams ; il se précipita dans ses bras. Williams pouvait à peine le reconnaître tant il était changé. Sa barbe avait plus de six pouces, ses longs cheveux étaient en désordre, ses habits déchirés ; enfin, tout annonçait la douloureuse manière dont il avait passé son temps sur le haut de la tour. « C'est

fort bien, dit Williams à celui qui lui
avait amené Walk ; mais où sont les
deux cents mille florins de pierreries
que M. Walk avait sur lui lorsque
votre maître l'a fait si indignement
arrêter. Allez dire au Baron (1) que
nous ne nous retirerons pas d'ici qu'il
ne nous les ait fait remettre ou leur
valeur ». On alla rendre compte à
M. de Lingtenschen de cette nouvelle
demande ; il sauta au plancher de sa
chambre, dit que c'étaient des brigands,
des infâmes ; que Walk n'avait rien sur
lui quand on l'avait arrêté, et qu'il ne
donnerait rien parce qu'il n'avait rien
reçu. A cette réponse Williams fit faire
une décharge générale. Les balles cas-
sèrent les vitres du château, et blessèrent

(*) Williams avait fait relâcher le Baron
aussitôt qu'il avait vu le prisonnier près de
ses avant-postes.

jusque dans les appartemens du Baron
plusieurs de ses gens..... Celui-ci eut
une si belle peur, qu'il fit offrir moitié
de la somme ; mais le *Commandant*
ennemi n'en voulut pas rabattre un sou,
et le pauvre Baron fut contraint de
compter les deux cent mille florins ;
mais comme il ne les avait pas en espèces,
il offrit l'écrin qu'il avait, comme on sait,
repris à Jenni, et qui valait plus de cent
cinquante mille francs. Williams, en
homme entendu, voulut bien s'en ac-
commoder pour deux tiers de sa valeur.

Il se hâta ensuite de regagner Mayence,
craignant qu'on n'envoyât après lui des
troupes réglées ; mais le Baron était
trop effrayé de la visite qu'il avait reçue,
pour concevoir seulement l'idée de faire
la moindre démarche hostile.

Le retour fut aussi heureux que le
premier voyage. Walk, à qui l'on avait
fait part de la condamnation pronon-

cée contre lui par le Baron, ne cessait de remercier Williams de l'avoir
délivré d'un aussi grand péril. Enfin,
ils arrivèrent : Jenni revit Walk avec un
grand intérêt ; il avait été fort amoureux
d'elle pendant qu'elle avait été chez la
maîtresse de pension : tous deux se revirent avec ce plaisir que fait éprouver
aux humains tout ce qui leur rappelle
le temps heureux de leur jeunesse.

Williams rendit à madame Bloc un
compte exact de l'expédition. Elle fit
distribuer cinquante mille florins à la
troupe, en donna vingt – cinq mille à
Williams, autant à Walk, et sous prétexte de payer les frais de l'expédition,
dont elle ne remboursa pas un sou, garda
le reste : ce qui ne déplut à personne de
ceux qui étaient dans le secret, parce
que l'on savait bien qu'elle emploierait
cet argent à rendre sa maison la plus
agréable possible. M. Bloc ne connut

qu'une partie de ces circonstances ; il crut bonnement que la contribution levée sur le Baron s'était bornée aux cinquante mille francs, partagés entre les hommes qui composaient l'expédition ; or, à son avis, rien n'était plus naturel que de lever des contributions en pays ennemi.

Jenni reprit bientôt ses droits sur le cœur de M. Walk ; au bout d'un mois ils furent unis : alors elle quitta sa retraite, et porta le nom de son époux. Elle disait à ceux qui l'avaient connue baronne de Lingtenschen, qu'elle était divorcée. D'autres ne savait pas qu'elle était cette Jenni, qui avait pendant trois ans joué avec tant de succès le rôle de Baronne immédiate de l'Empire, entourée d'une cour magnifique, et même de chambellans ; et tous la trouvèrent fort aimable, parce qu'elle était jolie, et avait beaucoup d'esprit.

CHAPITRE XXX.

L'orage se forme dans le lointain.— Destitution du Général.

A PEINE les fêtes du mariage de Jenni Harid et de Walk furent - elles achevées, qu'un coup affreux vint troubler, que dis-je, anéantir le repos dont Léonide jouissait ; repos qui n'était qu'un calme trompeur, tel que celui qui précède les plus terribles tempêtes.

Scipion avait juré la perte du général Bloc ; mais encore fallait-il trouver un prétexte plausible pour le dénoncer (1),

---

(1) Dans ces temps heureux, dénoncer, destituer et conduire à l'échafaud n'étaient pour ainsi dire qu'une seule et même opération.

et cet officier ne laissait pas la moindre prise à la scélératesse.

Généreux, loyal, brave, ménageant les hommes, et sachant s'en faire obéir, il avait toujours eu l'estime de ses chefs, l'amitié de ses camarades, et la confiance des soldats, qui l'auraient suivi aux postes les plus périlleux, parce qu'ils savaient qu'il ne les abandonnerait jamais. Comment dénoncer un pareil homme ?

Aussi, près de deux ans s'étaient passés, et Scipion en était réduit à tout attendre des circonstances. Enfin, il s'en présenta une qu'il saisit avec empressement, et qui avait effectivement un air de probabilité suffisant pour justifier cette démarche.

Parmi les hommes qui avaient été employés à l'expédition contre le baron de Lingtenschen, il s'en trouva dont l'humeur intéressée leur donnait à penser que cinq cents florins n'étaient pas

assez pour récompenser un voyage pénible , et dont le début n'était pas sans
danger. Ils murmurèrent , et ayant su
qu'il en avait été levé deux cent mille
sur le Baron, ils prétendirent qu'on leur
faisait, en cette occasion , un tort considérable. Scipion, qui entretenait depuis deux ans des espions auprès de
Bloc, ne tarda pas à être instruit de ce
voyage de Bude. On sait assez à quel
point la haine peut envenimer les dé-
marches les plus simples , et celle-ci présentait plusieurs circonstances défavo-
rables pour le général Bloc. Disposer
de cent hommes sans aucune utilité pour
la Nation, les mettre sous le commandement d'un officier anglais pour délivrer
un de ses compatriotes, tout cela n'était-
il pas indigne d'un défenseur de la Patrie, plus que suffisant pour ôter toute
confiance en lui? Cette dénonciation eut
tout l'effet que Scipion en espérait. Le

général Bloc fut destitué, et à peine la nouvelle en vint-elle à Mayence, que Léonide le pria avec larmes de quitter cette ville et de passer en Angleterre, bien décidée à l'y suivre. Walk et Jenni ne demandaient pas mieux de les accompagner. — Non, disait Bloc, j'ai servi la république, parce que, dans mon opinion, la forme actuelle du gouvernement est la seule qui puisse rendre le peuple heureux. On ne veut plus de mes services : je n'en suis pas moins fidèle à mon devoir, et pour rien dans le monde je ne quitterais mon pays. Que les nobles froissés par la révolution s'en éloignent, rien de plus simple ; mais moi, qu'ai-je à attendre des étrangers ? D'ailleurs, livrerai-je mon père aux lois contre les parens d'émigrés ? non, ce serait lui causer la mort ; et que puis-je craindre de plus cruel ? — Ah ! vous ne savez pas, mon ami, tout ce que l'envie peut faire contre vous; si je vous suis chère, ne m'exposez pas à la douleur de vous voir arrêter. — Ils ne l'oseront pas. — Ils oseront tout; et ne vous ont-ils pas donné la mesure de leur audace, en condamnant... — Cela est fort différent; cet attentat, car vous le savez, j'étais loin d'approuver une semblable mesure; cet attentat, dis-je, pouvait paraître nécessaire à la consolidation du système que l'on prétendait faire adopter : ma vie ou ma mort ne peuvent en rien y contribuer ».

En vain Jenni, Walk, la Marquise unirent leurs prières à celles de Léonide, Toussaint n'en fut pas moins inébranlable; après avoir mis en règle sa comptabilité, il s'apprêtait à rentrer en France avec sa femme, ses amies et Walk. Il ne comptait que traverser Paris en se rendant à Bordeaux, afin d'y voir son père, dont il était séparé depuis dix ans.

Il se faisait une véritable félicité de lui
présenter Léonide, encore jeune et belle,
qu'il aimait à l'idolâtrie, et dont il se
croyait aimé. Il l'était en effet ; ce cœur
glacé pouvait être susceptible d'un pareil sentiment ! Hélas ! ces moyens de
bonheur vont tous échapper au malheureux Bloc ; et bientôt il connaitra l'excès
d'audace auquel s'est porté son farouche
ennemi.

6 *

CHAPITRE XXXI.

Arrestation de M. Bloc. — Voyage plus triste que l'on ne s'y attendait.

LE jour du départ est fixé. Walk et Jenni prennent un nom français, et sous celui de Tresy, obtiennent un passe-port. La Marquise, qui avait fait la conquête d'un général, n'est plus si pressée de quitter l'Allemagne. Williams, qui la trouve charmante, reste aussi. Les voyageurs sont au moment de monter en voiture, quand l'un des coquins qui avaient dénoncé le général Bloc, entre dans sa cour suivi de quinze gendarmes, et lui signifie un mandat d'arrêt du Comité de sûreté générale, qui ordonne qu'il sera traduit à Paris dans les prisons d'Etat. Le Général reçoit cet ordre avec surprise, mais avec beaucoup de sang-froid. Madame Bloc s'évanouit. Revenant cependant, par l'excès même de sa douleur, à la vie, elle demande au Commandant la permission de suivre son époux. Cet homme convient qu'il n'a point d'ordre pour en empêcher. M. et madame de Trésy veulent aussi continuer leur route avec le Général. Il ne s'agit que de recevoir, dans la voiture, le commandant de la force armée. La berline de Léonide est à six places ; on y monte avec cet homme, et ses gendarmes suivent la voiture en poste. Heureusement que l'argent du Baron était venu à propos pour payer les frais énormes de ce voyage. Jamais il n'en fut un plus triste. La présence de l'espion du Représentant (car Léonide ne doutait pas que la perte de son époux ne fût l'ouvrage de ce scélérat) était un surcroît de contrariétés qui réduisait tout le monde au silence. « Je souffre beaucoup, disait seulement de temps en temps madame Bloc au pauvre prisonnier, car je crains fort que tout ceci n'ait une bien douloureuse issue. —Pour moi, reprenait Bloc, je n'en attends rien de fâcheux; que peuvent-ils me reprocher ? —Votre innocence. — Si elle me mène à la mort, je gémirai sur ma Patrie et non sur moi». Madame de Tresy cherchait inutilement à calmer l'agitation qu'elle éprouvait; elle craignait d'être compromise, ainsi que son mari, dans l'affaire du Général, et que leur changement de nom ne servît de rien. Elle avait tort; Scipion, n'en étant point amoureux, n'avait aucun intérêt à perdre ni elle ni son mari. Si le voyage avait été douloureux par la contrainte, l'instant où ils arrivèrent à Paris le fut bien davantage, lorsqu'il fallut que madame Bloc se séparât de son mari, que l'on conduisit à l'Abbaye. En vain Léonide sollicita la faveur d'y être enfermée avec lui ; elle lui fut refusée. Après s'être mutuellement donnés les marques les plus touchantes d'amour, il fallut se séparer ; et madame Bloc, baignée de ses larmes, fut conduite par ses amis dans son hôtel, où elle trouva sa mère et ses cousines qui, -ayant appris la destitution et l'arrestation du général Bloc, venaient lui offrir toutes les consolations de l'amitié. Son frère, toujours le meilleur des hommes, avait quitté sa retraite pour venir défendre sa sœur, que son malheur lui rendait plus chère ; Léonide le revit avec grand plaisir, et leurs anciens différens furent entièrement oubliés. Edouard, pour qui Léonide était toujours un objet de préférence, lui jura de mourir plutôt que de l'abandonner. Théophile n'en promit pas moins.

Léonide reçut avec reconnaissance les témoignages touchans d'intérêt de toute sa famille.

Madame de Mansville fut fort étonnée de voir Jenni, qu'elle croyait bien tranquille dans son beau château de Lingtenschen. Malgré les tristes circonstances où madame Bloc se trouvait, elle n'en eut pas moins la présence d'esprit de raconter à sa mère que le Baron, étant devenu amoureux d'une chanoinesse, avait rendu Jenni malheureuse ; qu'elle avait été forcée d'accepter le divorce ; qu'alors un de ses parens, le lord Adisson, s'était chargé de la reconduire en Angleterre. Elle ajouta : « Vous avez appris par les journaux le malheur de ce pauvre Lord. — Oui, sûrement, je me le rappelle : il fut assassiné et volé complétement près de Ratisbonne. — C'est cela même ; la pauvre Baronne perdit tout ce qu'elle avait ; ses

diamans, ses habits ; nous la retrouvâ-
mes entre Ulm et Mayence avec madame la marquise de Verceil, dans la
plus affreuse misère, le bon Toussaint
les accueillit l'une et l'autre, et Jenni a
épousé M. Walk pour rentrer en France;
sous le nom de M. et madame de Tresy.

L'histoire passa ainsi. On ne fit aucune
objection ; car ces dames avaient pris
bonne opinion de madame Bloc, en lui
voyant un véritable attachement pour
son mari, qui l'avait rendue meilleure
et plus sensible. Ou la croyait entièrement revenue de l'esprit d'intrigue ; et
cette opinion était d'autant plus raison-
nable, que s'il fallait en croire Léonide,
son unique projet, lorsqu'elle aurait eu
le bonheur de soustraire ce bon Toussaint à la rage de ses ennemis, était de
quitter Paris pour se retirer dans ses
biens de Gascogne; elle ne savait pas
encore que l'infâme Scipion, voulant à

toute force perdre Toussaint, et priver
sa veuve de toute ressource, avait fait
périr M. Bloc le père, et confisquer la
totalité de sa fortune.

Deux jours après l'arrivée de Léonide à Paris, elle apprit ces tristes nouvelles; mais elle eut grand soin de les
cacher à son mari, qu'elle voyait encore
au guichet, et qui ne trouvait quelque
allégement à ses douleurs que dans les
témoignages de tendresse de sa Léonide.
Jusqu'ici les protestations de sa femme
étaient sincères. Cependant, la mort de
M. Bloc fit sur elle une impression fâ-
cheuse. Elle vit en cet instant que si
son mari échappait au supplice, il ne
serait pas, selon toute apparence, remis
en activité, et par conséquent se verrait
réduit à de foibles émolumens; que tous
les biens de son père étant perdus, le
Général serait fort pauvre. Ces ré-
flexions, que madame Bloc seule était ca-

pable de faire dans cette circonstance,
refroidit son attachement pour son mari ;
elle n'en convint pas avec elle-même,
mais cela était vrai ; et la manière dont
elle se conduisit par la suite, ne le
prouva que trop bien.

CHAPITRE XXXII.

Jenni chez Scipion. — *Proposition de cet homme.* — *Entrevue des deux époux.*

Une chose étonnait Léonide; c'était de n'avoir pas entendu parler en aucune manière de Scipion. Elle savait cependant qu'il était à Paris, et il n'était bruit que de ses *éloquens discours* à la Convention. Comment ne venait-il pas chez elle? Quelle raison avait-il de paraître l'oublier, ou l'oubliait-il réellement? Aucun autre objet cependant ne paraissait l'avoir fixé; car dans ces temps où le ridicule s'alliait à la férocité, nos fiers Représentans, qui se croyaient autant de petits rois, avaient aussi des mai-

tresses déclarées ; et Scipion n'en avait pas !
Il avait encore moins ployé sous le joug
de l'hymen. Comment avait-il donc
entièrement renoncé à ses vues sur madame Bloc ?

Cet oubli piquait la vanité de Léonide. Elle ne pouvait souffrir Scipion ;
mais elle ne voulait pas en être dédai-
guée. D'ailleurs, si c'était lui qui avait
dénoncé Bloc , lui seul pouvait le sauver ; mais comment le savoir ? Il n'y avait
qu'un moyen ; c'était d'engager Jenni,
qu'il ne connaissait pas, à aller chez lui
comme parente de Toussaint , pour
lui demander de défendre la cause du
Général , dont il devait connaître toute la
loyauté. Alors peut-être il s'expliquerait.

Elle en parla dès le soir à Jenni, qui
demeurait avec elle. Cette femme s'ennuyait aussi de ne voir rien de nouveau ; car pour des êtres immoraux
comme elle , une vie uniforme est pres-

que une calamité ; elle consentit donc à
se rendre sur-le-champ à l'hôtel du Représentant, curieuse de voir cet homme,
dont elle avait beaucoup entendu parler.
Jenni était moins belle que Léonide;
mais elle était encore fort jolie. Une toilette recherchée ajoutait à ses grâces na-
turelles; et si elle n'eut pas redouté le
caractère atroce de Scipion, peut-être
eût-elle formé quelque projet sur le terrible Conventionnel, dont la fortune devait être considérable, si l'on en jugeait
par le luxe et la prodigalité qu'il affichait
orgueilleusement au sein de la détresse
publique. Or, chacun sait que miss Jenni
avait toujours eu un grand faible pour
l'opulence.

Elle arrive chez Scipion ; on la fait
entrer dans un magnifique appartement.
Les meubles les plus recherchés, des
bronzes, des tableaux d'un grand prix
faisaient connaître le noble désintéres-

ment du maître du logis, qui avait, en trois ans de temps, formé cette riche collection ; et l'on se doute bien comment. Après avoir fait attendre Jenni près d'une heure , il parut enfin. Sa physionomie rébarbative parut si désagréable à l'amie de madame Bloc, qu'elle ne s'étonna plus de la vertueuse résistance que cette dernière lui avait opposée. «Que voulez-vous , lui dit-il avec arrogance ? — Vous parler d'un infortuné. — C'est-à-dire d'un coupable ; car c'est ainsi que les belles dames les nomment. Je vous préviens que je ne veux soustraire personne à la juste punition qu'il mérite.— Mais encore faut-il savoir de qui je veux parler.— De quelque émigré ; vous avez pour eux, mesdames, des entrailles de mères.—Eh! non, c'est pour un général... — Destitué , dénoncé, qui crie à l'injustice ? Cela ne me regarde pas; qu'il se pour-

voie auprès du tribunal.—C'est un mauvais moyen de le sauver; et je croyais,
Monsieur, que vous preniez plus d'intérêt au général Bloc? — Le général
Bloc, son affaire est finie. Il a conspiré;
c'est aussi clair que le jour, il n'y a rien
à faire. — Cela serait-il possible? quoi!
rien ne peut le sauver? — Rien. C'est
sa faute, envoyer cent hommes pour enlever des sommes appartenantes à l'Etat,
les partager entre lui et sa troupe en en
gardant les trois quarts: c'est une chose
atroce; il n'y a qu'un conspirateur capable d'un pareil trait! —Et moi je vous
dis, Citoyen, qu'il n'y a rien d'aussi faux;
et si vous étiez de meilleure humeur,
je vous raconterais cette anecdote, qui
est assez plaisante, et vous verriez que
ce pauvre Bloc n'a rien fait que par
humanité.—Exposer cent hommes pour
ses intérêts; peste, quelle humanité! Enfin, Madame, pour conclure (car mon

temps appartient à mon pays, et je ne
dois pas l'employer à des discours inutiles), je ne puis rien pour le général
Bloc. Cependant vous direz à sa femme,
que je crois connaître, qu'elle vienne
demain à neuf heures du matin, et
qu'elle m'apporte les preuves de l'innocence de son mari : je ne puis traiter
cette affaire là qu'avec elle ; et ne man-
quez pas de lui dire *à neuf heures* : à
dix, il ne serait peut-être plus temps ».
Il prononça ces mots avec un accent qui
glaça d'effroi Jenni. Elle avait beaucoup
d'amitié pour le Général ; elle n'avait
point oublié qu'il lui avait sauvé la vie,
qu'il avait délivré son mari ; et elle ne
pouvait voir, sans une sincère douleur,
le danger qu'il courait. Elle revint donc
avec le plus grand effroi. Madame Bloc
lut sur son visage toute la rigueur de
son sort. Jenni lui raconta la conversation qu'elle avait eue avec Scipion : « Il

est perdu , s'écria Léonide avec l'accent de la douleur ; je vois bien à quel prix le monstre va mettre sa délivrance ; et plutôt mourir avec Toussaint, que de manquer à mon époux, à moi-même! j'ai pour cet homme une haine que rien ne peut vaincre. Je n'irai point ; c'est impossible. — Pensez-y, ma chère amie; songez qu'il a dit qu'à dix heures il serait trop tard ». Comme madame Bloc persistait à dire qu'elle ne se rendrait pas chez le Représentant, madame la comtesse de Mansville, Ponce et sa cousine, madame de Lorgiac arrivèrent.

Madame de Mansville venait de voir son gendre, qui avait reçu son acte d'accusation, et conservait peu d'espoir d'échapper à la mort. Tout ce qui l'affligeait était de penser que sa chère Léonide resterait en proie à la misère et aux piéges de Scipion, qu'il regardait, avec raison, comme l'auteur de ses infortunes.

Il pensait aussi à son père, à la douleur que ce digne vieillard éprouverait de lui survivre ; et on se garda bien de l'instruire du malheur dont il avait été frappé dans la personne de ce digne homme.

Alors, Jenni rendit compte à madame de Mansville de ce que lui avait dit Scipion. La Comtesse et sa cousine étaient fort embarrassées de donner un conseil salutaire à Léonide ; car, ne point aller chez Scipion, c'était livrer le Général à la mort, et dans sa position, elle ne pouvait y aller sans s'exposer à un danger plus grand encore. « Mais, ma sœur, dit Ponce, en m'emmenant avec vous, la calomnie ne pourra pas avoir d'alimens.... » Madame Bloc, qui se souvenait de la première visite qu'elle avait faite au Représentant, ne trouvait pas que son frère, avec ses distractions littéraires, valût grand chose pour préserver une jeune femme des entreprises du satrape ; mais

comme il le disait , c'était assez pour
en imposer à la médisance. Il fut donc
convenu que Ponce viendrait prendre sa
sœur le lendemain, dès huit heures du
matin , pour la conduire chez le Représentant.

Elle alla dîner chez sa mère, où toute
la famille était réunie. Mesdames de
Boreston et de Poligny , avec leurs époux,
étaient depuis plusieurs mois auprès de
leurs mères, sollicitant la rentrée de
MM. de Lorgiac et de Bertelli , presque
sans espoir de réussite, parce qu'on exigeait des sommés si énormes , que ces
dames ne pouvaient les payer. Madame
Bloc dit que si elle obtenait la liberté de
Toussaint, elle tenterait la radiation des
maris de ses cousines. Elle avait été fort
aise de revoir Edouard ; elle n'avait point
oublié l'amour de ce jeune homme, qui
avait bravé les plus grands dangers pour
la disputer à Bloc ; et elle se flattait bien

de le placer avantageusement. Ainsi, malgré les inquiétudes que lui donnait la situation de Toussaint, son esprit, naturellement turbulent, embrassait mille objets à la fois. La plus grande des peines, à son avis, était l'ennui qui pour elle *naissait de l'uniformité*.

Léonide alla le soir à la Conciergerie; elle obtint, à prix d'argent, de voir le Général. Ce malheureux, qui se voyait à la veille de périr par une mort, il est vrai fort prompte, *mais sûre cependant, et peut-être cruelle*, regrettait les biens que la nature lui avait départis, dont le plus cher à son cœur était sa Léonide; elle eût été sa dernière pensée s'il avait péri, comme il le croyait. Qu'on juge de la joie qu'il eut à la revoir. « Mon bon ami, lui dit-elle, j'ai voulu te voir pour faire passer dans ton cœur la tranquillité que j'éprouve. Je suis persuadée que tu seras mis en liberté;

j'ai rendez-vous demain, à neuf heures du matin, chez Scipion. — Chez Scipion, dit cet infortuné avec l'accent le plus douloureux ! — J'y vais avec mon frère : d'ailleurs, que peux-tu craindre ? mon amour né t'est-il pas un sûr garant de ma fidélité. — Je n'en doute pas ; mais ce sont des hommes tellement pervers : tous les moyens leur sont bons pour perdre l'innocence. Il se servira même de ton amour pour moi comme de l'arme la plus puissante pour en venir à ses fins. Ecoute-moi, Léonide : garde-toi de racheter ma vie aux dépens de l'honneur. Ce n'est point comme ton époux que je te le demande ; c'est comme l'amant le plus tendre et le plus passionné. La vie, sans toi, ne peut me convenir ; mais pour qu'elle me plaise avec toi, j'ai besoin que tu te conserves pure, exempte d'une tache dont la seule pensée me fait frissonner. Songe que je n'y survivrais pas ; que loin de te savoir gré de la grandeur du sacrifice, il me faudrait te fuir, pour ne pas laver dans ton sang ton opprobre ; et ne crois pas m'en dérober la connaissance; l'instinct de la jalousie m'apprendrait mon malheur. Prends-y garde, Léonide, il y va de tes jours, des miens, de ceux du monstre qui t'aurait séduite ».

Léonide regardait Toussaint avec étonnement ; cette résolution lui causait plus d'effroi que d'attendrissement. Son cœur, naturellement froid, ne concevait pas les effets des passions. Elle aimait Toussaint et même l'honneur ; mais elle préférait la vie et la fortune. Elle haïssait Scipion. Il avait tenté de la séduire, et n'avait pu y réussir. Elle ne voyait qu'une seule chose qui pût la décider à être à lui, c'était l'espoir de sauver Bloc ; mais Bloc lui-même s'y opposait : il préférait la mort ; il préféra it de la laisser dans la plus grande détresse à être délivré par elle, au moyen de la perte de sa vertu. Cet effort surpassait l'étendue de ses facultés, toujours resserrées dans la seule jouissance des sens. Elle parut donc interdite de ce que lui disait son époux. Il s'en aperçut ; un frisson précurseur de la mort courut dans ses veines. « Léonide, reprit-il avec l'accent de la crainte, Léonide, seriez-vous capable d'hésiter un instant entre ma mort et le déshonneur....? Si je pouvais le penser, je terminerais à vos yeux une vie qui pourrait être cause que vous eussiez cessé un instant d'être digne de mes adorations. Oui, ma Léonide, ton époux veut emporter au tombeau la pensée que ta vertu égalait tes charmes ; jure-moi de me laisser mourir.—Ah, cruel ! Quoi ! n'auriez-vous donc que cette affreuse image à me présenter, et ne puis-je pas vous sauver sans me perdre ? La vie n'a-t-elle donc aucun prix pour

vous ? — Tu le sais bien, Léonide, que
cette vie m'est chère en pensant qu'elle
t'appartient.... mais comment espérer....
Enfin, s'il existe un moyen de me la conserver sans que l'amie de mon cœur
flétrisse sa vertu, assurément je ne demande pas mieux ; mais n'oublie jamais
que je ne veux vivre que pour toi et
avec toi ».

Le geôlier, qui vint brusquement
rompre cet entretien, ne permit pas à
Léonide de répondre ; mais le plus doux
baiser, en faisant passer dans son cœur
tous les feux qui embrasaient celui de
son époux, donna à sa physionomie
quelque chose de si touchant et de si
tendre, que Toussaint oublia toutes ses
craintes, et se crut certain que la mort
seule pouvait séparer ses destins de ceux
de Léonide.

CHAPITRE XXXIII.

Madame Bloc mal accueillie par Sci-
pion. — Ultimatum de ce grand per-
sonnage.

CETTE conversation avait infiniment
troublé Léonide. Elle redoutait l'a-
mour que son mari avait pour elle ; elle
savait combien l'amour est clairvoyant.
Il était impossible de le tromper. Jenni,
qui l'attendait dans sa chambre, ne put
la voir pâle, les yeux humides de larmes qu'elle voulait retenir en vain,
sans lui demander ce qui l'agitait de
nouveau? « Ah ! pouvez-vous l'ignorer.
J'ai vu Toussaint ; il a pressenti notre
malheur : il s'oppose de toutes ses for-
ces à ce qui pourrait m'avilir. Si je

rachetais sa vie par une lâche complaisance, et qu'il en fût instruit, il est
homme à prendre les partis les plus vio-
lens. D'ailleurs, comment espérer des
manières délicates et surtout discrètes
de la part d'un homme tel que Scipion.
Si j'étais capable, pour sauver M. Bloc,
de répondre à sa fatale passion, il affi-
cherait son triomphe et j'en mourrais de
honte; mais aussi, comment laisser périr
une si parfaite créature? Que peut-on
lui reprocher? Quelle est la vertu qui
lui manque? Oh! si je croyais qu'il y
eût un être qui entendît ma prière, avec
quelle ardeur je m'adresserais à lui,
pour qu'il daignât me dicter la conduite
que je dois tenir. Mais, non, en vain j'éle-
verais ma voix, rien ne répondrait à ses
accens. *Rien.* Cependant qui me fait
hésiter? Qui me donne ce besoin de ne
pas perdre l'estime de moi-même? —
Eh! de quel soin vous inquiétez-vous,

7 *

disait Jenni; la douleur vous rendrait-
elle superstitieuse? — Je ne crois peut-
être à la possibilité d'un miracle, que
parce qu'un miracle pourrait seul me
tirer de la triste situation où le destin
m'a mis. Ah! vraiment Jenni, ma tête
s'affaiblit. J'ai besoin de toute votre amitié pour soutenir une aussi rude épreuve ».
Madame de Tresy n'était pas femme
à aider ce retour vers l'Être des êtres ;
elle s'occupa bien plutôt à prouver que
ces vacillations de crédulité et de philoso-
phie, étaient l'effet d'un cerveau malade;
elle ajouta que Léonide devait prendre
conseil des circonstances , et surtout ne
pas perdre de vue que la mort du Général serait d'autant plus malheureuse,
qu'elle la laisserait dans la plus profonde
misère : c'était toucher la corde sensible.
La pauvreté était pour Léonide une
pensée affreuse. Rien n'était comparable
pour elle à l'idée de renoncer à toutes

les jouissances de la vie ; mille fois mieux
mourir ; mais mourir à vingt-deux ans,
belle, spirituelle, environnée de tout ce
qui peut flatter l'amour-propre. Ah !
c'est bien pénible.

Ce fut dans ces alternatives qu'elle
passa la nuit : le sommeil fuyait de ses
yeux, et si elle les fermait quelques instans, l'image de Toussaint se peignait à
ses sens et les enivrait de la plus douce
volupté ; puis, tout à coup celle de Scipion la remplaçait et lui causait une horreur involontaire.

A peine l'infortunée commençait-elle
à goûter un moment de repos, quand
Ponce, qui craignait que sa sœur ne
manquât l'heure du fatal rendez-vous,
se rendit chez elle. « Quoi ! dit-elle, en
ouvrant les yeux au moment où il entra
dans sa chambre, déjà neuf heures ? —
Non, mais plus de huit ; et avant que
votre toilette soit faite et que nous soyons

chez le Représentant, une heure sera plus que passée ». Léonide en convint, se leva, monta en voiture et se rendit au superbe hôtel de Scipion, qui l'attendait avec toute l'impétuosité d'une passion contrainte depuis si long-temps, et à laquelle il ne voulait plus donner de frein. Il l'attendait dans un boudoir délicieux; l'air embaumé des parfums les plus suaves, qui portaient dans les sens une molle langueur. Les murailles étaient tapissées de tableaux de nos meilleurs maîtres, représentant des scènes d'amour dans lesquels la pudeur savait s'allier à la volupté; ajoutez à ces ornemens admirables un jour doux qui permettait de ne pas rougir, et vous aurez une idée du temple délicieux où le satrape attendait sa victime. Jugez quel fut son étonnement de voir entrer le frère de madame Bloc avec elle. Changeant tout à coup le ton qu'il avait projeté d'avoir, il en affecte

un bien plus insolent encore qu'il ne l'avait
eu avec Jenni. Il se lève à peine de l'ottomane où il était à demi couché, et sans
proposer même à Léonide de s'asseoir :
« Je suis étonné, dit-il, que vous n'ayez
pas entendu ce que je vous ai fait dire par
madame de Tresy. — Je l'ai si bien entendu, dit madame Bloc en s'asseyant,
que me voilà à l'heure que vous avez pres-
crite. Je crois que c'est assez, et qu'il faut
que la vie de M. Bloc me soit bien chère
pour avoir fait cette démarche. — Elle
ne mène à rien, ne le sauvera pas. Je
n'ai rien à vous dire; ne vous en prenez
qu'à vous. — Je ne puis vous compren-
dre. — Vous me comprenez à merveille;
je suis fâché de ne pouvoir vous entretenir plus long-temps; mais il est tard, il
faut que j'aille à l'Assemblée. — Quoi!
vous auriez la cruauté de ne pas me dire
un mot du pauvre Général? N'ai-je

donc rien à espérer? — Rien du tout; vous vous y êtes mal pris. J'en suis fâché ».

Ponce ouvrait de grandes oreilles. Il ne comprenait rien à tout cet entortillage, que Léonide concevait à merveille: Elle s'approche de Scipion, et se penchant à son oreille, malgré l'antipathie qu'elle avait pour lui, elle lui dit: « Que voulez-vous donc? faut-il qu'il meure?— Il ne tient qu'à vous, cruelle, reprit aussi très-bas le scélérat, il ne tient qu'à vous qu'il vive. J'irai chez vous demain à dix heures du soir; vous avez dû m'entendre: sinon il mourra. — Je vous attendrai, reprit Léonide en étouffant un soupir ». Elle se hâta de sortir. Il lui sembla qu'en restant un instant de plus, elle révoquerait cette fatale promesse, qui au moins suspendait pendant trente - six heures l'arrêt porté contre Toussaint; or,

trente - six heures en révolution sont
beaucoup ; tant de choses peuvent arriver.

Son frère , qui n'avait rien entendu ,
demanda à sa sœur ce qu'elle avait dit
si bas au Représentant , et ce qu'il-avait
répondu ? « Je lui ai offert de l'argent.
— Eh! bien ? — Je crois qu'il acceptera.
Il me fera réponse demain. — Combien
lui proposez-vous ? — Quarante mille
francs ; mais je ne les ai pas à ma dis-
position : c'est fâcheux , je le repète ; je
crois qu'il accepterait, je le souhaiterais,
et cependant où trouver tant d'argent ?»
Ponce ramena sa sœur chez elle, se
chargea de faire part à sa mère de cette
étrange visite, et regagna son ermitage,
sans avoir le moindre doute du danger
de son beau - frère , danger qu'il pensa
partager lui-même, comme on le verra
ci-après.

CHAPITRE XXXIV.

Le portefeuille consolateur.

Mademoiselle de Mansville avait engagé sa fille à passer la soirée avec elle; Ponce, qui croyait ce que sa sœur lui avait dit, s'était hâté d'apprendre à la Comtesse que le Représentant demandait 40,000 fr. pour délivrer M. Bloc; elle en parla à ses neveux en déplorant et en leur témoignant ses regrets de ce que la perte de sa fortune l'empêchait de pouvoir donner cette somme à sa fille. MM. de Boreston et de Poligny, qui avaient conservé la leur (celle de ce dernier surtout était considérable), se rappelant l'un et l'autre les obligations réelles qu'ils avaient aux deux époux, offrirent à Célestine de

prêter à madame Bloc la somme dont
elle avait besoin. Ils ne s'en tinrent pas
à cette offre; ils réalisèrent les quarante
mille francs en billets Perrégaux, et les
placèrent sous une riche pendule qui or-
nait le salon de Léonide.

Celle-ci remarqua le portefeuille avant
qu'ils sortissent de chez elle, l'ouvrit, et
vit son contenu. Étonnée de tant de générosité, elle pensa se trahir en disant
qu'il n'était point question d'argent;
mais se rappelant aussitôt qu'elle s'était
servi de ce prétexte pour dérober à son
frère ce qui s'était réellement dit entre
elle et Scipion, elle n'osa se démentir,
et garda les quarante mille francs; elle
trouva même assez plaisant qu'on lui
donnât cette somme sans l'avoir deman-
dée; et pensant qu'elle pouvait lui être
utile si la perte du pauvre Bloc entraî-
nait celle de sa fortune, elle la garda,
quitte à dire que, malgré ce présent,

Scipion n'en avait pas moins fait con-
damner le Général. Un crime de plus
ou de moins, vrai ou faux, ne ferait pas
grand tort à Scipion : ce n'est pas qu'elle
ne fût bien décidée à les lui offrir ; mais
elle était bien sûre qu'il ne les accepterait pas ; car ce n'était pas de l'or qu'il
voulait : ses missions dans les départemens lui en avait tellement procuré,
qu'il y mettait peu de prix. Elle se contenta donc de faire à ses cousins les
plus vifs remerciemens, et dès qu'ils furent partis, elle fit appeler Jenni pour
lui montrer son riche portefeuille. Le
pauvre prisonnier fut oublié pour quelques instans ; et ces deux femmes, naturellement intéressées et prodigues,
se réjouirent d'être assurées de passer
l'hiver d'une manière agréable.

Cependant, à leurs agréables projets
pour l'avenir se mêla bientôt la pensée
du présent ; dans moins de vingt-quatre

heures Scipion viendra offrir à Léonide
la vie ou la mort d'un époux qu'elle
aime ; et à quel prix ? Elle est bien décidée à sauver Toussaint ; elle l'est presque
autant à ne rien accorder à un homme
qu'elle déteste. Cependant elle compte
sur Jenni pour rompre l'entretien au
moment où elle aurait à craindre que
la passion de ce farouche amant ne devint trop audacieuse. Madame de Tresy
se tiendra dans un cabinet voisin du salon, et se hâtera d'entrer à un signal convenu.

CHAPITRE XXXV.

Les Sbires. — Ils manquent leur cap-
ture, et vont eux-mêmes en prison.

Scipion ignorait la grande intimité qui
existait entre Léonide et madame de
Tresy ; il ne se méfiait que de Ponce ;
il craignait qu'on ne le fît rester pour
l'attendre. Il ne trouva donc rien de
mieux pour qu'il ne troublât pas un rendez-vous, dont il attendait le succès le
plus complet, que de faire arrêter ce
pauvre Ponce. Le frère de madame Bloc
venait de rentrer du Jardin des Plantes,
où il suivait un cours de chimie. Tranquille dans son modeste appartement,
il mettait en ordre les notes qu'il avait
prises au crayon ; il voit arriver cinq

à six pessonnages dont la physionomie ne lui promettait rien de bon. « Que me voulez-vous, messieurs? — Que vous veniez avec nous. — C'est impossible! Si je ne r'écris pas ces notes elles s'effaceront, et je ne pourrai plus m'y reconnaître. — Qu'est-ce que cela nous fait, reprit le plus huppé, qui ne l'était guère. — Mais cela me fait beaucoup à moi : il ne me faut pas une heure pour les r'écrire; asseyez-vous auprès du feu. — Il est bon, le citoyen; est-ce que nous avons le temps d'attendre? — Vous le prendrez. — Tu te moques de nous, dit un autre ». Et Ponce écrivait toujours. « Je n'en ai plus que dix... Charles, dit-il à son jockey qui rentrait; donne à ces MM. cette bouteille de liqueur des îles qui est dans l'armoire; rince des verres. Pardon, messieurs, elle ne sera pas vide que mon travail sera fini ». — Ce n'est rien contre la république, au

moins? — Eh! mon Dieu, non; lisez plus
tôt. En disant ces mots, Ponce présentait ses feuilles au premier de la bande.
« Lis, dit celui-ci à un de ses camarades. — Je n'ai pas mes lunettes ; mais
tiens, donne-à Robert-le-Diable ». Celui-ci prend le papier, fait semblant de
lire, et le passe à un quatrième ». Je
n'y vois rien de mal ; seulement ces
lignes là me sont un peu suspectes, qu'en
pense-tu, Régulus ? — Il me semble
que j'en ai vu de semblables sur les
ordonnances de mon parrain, le citoyen
Yvon, médecin des hospices, qui est un
bon républicain : c'est peut-être comme
qui dirait, *un ralliement.* — Eh! non,
dit Ponce en reprenant son papier, ce
sont les marques des poids qui entrent
dans les *préparations chimiques.* —
Ah ! c'est différent : *préparations chi-*
miques ! Cela n'est pas contre les intérêts de la Nation ? — Non, au contraire.

—Alors à la santé de la chimie. — A la santé des zigzags ». Ils débouchèrent une nouvelle bouteille que Charles avait substituée à la première ; et à force de boire à la santé de tout ce qui leur passait par la tête, ils se grisèrent si parfaitement, qu'ils s'endormirent tous cinq et ronflèrent. Charles fit signe à son maître de sortir.

Il avait fini de copier ses notes ; il les remit dans son portefeuille, ferma son sécretaire, emporta le peu d'argent qu'il avait ; et passant bien doucement entre les alguazils, il gagna l'escalier suivi de Charles, qui avait mis dans une valise son linge et de celui de son maître. Ils sortent de la maison, prennent un fiacre à la rue de Buffon, et se font conduire au Bourg-la-Reine, chez un menuisier de la connaissance de M. de Mansville, et même de celle du lecteur ; car l'honnête artisan était tout simplement

l'abbé..... que nous avons vu précepteur
de Ponce dans le commencement de ces
Mémoires. Il était rentré en France
long-temps avant son élève, et s'était
retiré dans ce village où, lors de l'ex-
pulsion du Curé, il s'était généreusement
chargé d'en remplir les honorables, mais
périlleuses fonctions. A l'abri de son état
(celui de menuisier, qu'il exerçait osten-
siblement), il répandait sur ses parois-
siens les secours spirituels et temporels,
sans porter ombrage aux révolution-
naires.

Ponce avait appris ces détails dans
une de ses promenades solitaires, où il
avait rencontré le bon abbé chargé de
quelques parties de menuiserie. Il se
rappela heureusement cette circonstance
dans le péril imminent où il se trouvait,
et résolut de chercher un asile au
Bourg-la-Reine, auprès de son ancien
précepteur. Celui-ci reçut Ponce avec

une joie infinie; le cacha dans un petit
appartement au-dessus du sien et l'y
garda plus d'un an, le faisant vivre de
son travail, qu'il avait appris à Charles;
c'est ainsi qu'il les mit tous deux à l'abri
de la misère et des persécutions de Scipion.
Il fit plus : pensant que la disparution de
M. de Mansville causerait un grand
chagrin à sa mère et à sa sœur, il se
rendit à Paris. Célestine fut très-étonnée
de le revoir : à peine pouvait-elle le
connaître tant son costume était changé,
mais son étonnement redoubla quand
elle apprit que Ponce était chez lui; elle
lui en témoigna toute sa reconnaissance,
et fut sans inquiétude pour son fils, le
sachant auprès de ce digne ministre des
autels.

Rien ne fut comparable à l'étonnement
des sbires, lorsqu'en se réveillant ils ne
trouvèrent plus ni Ponce ni Charles : ils
se querellèrent, se battirent même. Les

voisins, pour mettre les hola, furent obligés de les jeter à la porte de la rue: une patrouille passa, prit mes drôles, les conduisit à la section, où, pour la peine d'avoir laissé échapper Ponce, on les mit au cachot. Nous allons les y laisser sans nous embarrasser de ce qu'ils devinrent.

CHAPITRE XXXVI.

Entrevue malencontreuse pour le Représentant. — Partie remise.

MADAME Bloc ne vit pas sans effroi approcher l'instant où son redoutable amant devait se rendre chez elle. Sa mère avait voulu s'y trouver, mais elle lui fit observer que ce serait se compromettre ; qu'elle n'avait rien à craindre ; que madame de Trisy ne la quitterait pas. En effet, tout est préparé de manière à ne point redouter les transports de Scipion ; elle l'attend dans le salon, qui est précédé d'un antichambre où sont ses gens ; elle est assise dans un fauteuil près de la porte de son cabinet, où se tiennent cachés Jenni et son époux, ce dernier n'ayant pas voulu que sa femme s'exposât seule à la colère de ce dangereux personnage.

Le salon est très-éclairé; la toilette de Léonide modeste; son extérieur sévère, et tout annonce en elle le désir sincère de ne pas succomber. Dix heures sonnent: le cœur bat à Léonide; c'est de crainte et non d'amour. A peine les a-t-elle comptées, la porte s'ouvre et l'on annonce Scipion. Elle se lève, lui fait une profonde révérence, mais de l'air le plus froid. Scipion ne considère ni la manière dont il est reçu, ni le lieu peu propre à un amoureux rendez-vous. Il se jette aux pieds de Léonide, s'empare d'une de ses mains qu'il couvre de baisers. « Que voulez-vous? » dit Léonide, en s'éloignant vivement. Scipion, assez gros et peut-être mal assuré sur ses jambes, pour avoir voulu trouver trop d'assurance dans le vin de Tockai ou d'Espagne, tomba rudement sur la face. Le sang jaillit aussitôt de son gros nez , et en un instant il devint si difforme, qu'il eût fallu être ensorcelée pour en avoir la plus légère fantaisie.

Léonide, enchantée de cet accident, se hâte de sonner ses gens, demande de l'eau, des serviettes ; et Jenni, qui a entendu le coup, arrive pour prendre sa part de l'aventure, dont cependant ces dames ont grand soin de paraître touchées. Scipion, dans une rage que rien ne peut exprimer, reçoit en grommelant les secours que Léonide et Jenni s'empressent de lui donner. Elles lui conseillent de retourner chez lui, d'envoyer chercher un chirurgien, de se faire saigner. — Me faire saigner! voilà bien assez de sang perdu! ce n'est qu'un accident ; je me porte bien: je n'ai besoin ni de chirurgien, ni de médecin, mais de causer avec vous, Madame. — Mon amie n'est pas de trop? — Toujours des tiers! aussi

c'est ma faute!....... Il faut convenir que
je suis bien malheureux, pour ne pas
dire maladroit; mais enfin il faut bien
s'entendre, les momens sont chers. —
J'ai pensé, Citoyen, que les frais de la
guerre entraînent des dépenses considé-
rables, et je suis chargée par ma famille
d'offrir *vingt mille francs* pour la liberté de M. Bloc. — De l'argent! Vous
croyez que c'est de l'argent qui peut
mettre un coupable à l'abri de la vengeance nationale? — Que faut-il donc,
reprit en soupirant Léonide? — Ce
qu'il faut, répétait Scipion, en se tenant
le visage qui enflait de moment en moment; ce qu'il faut? pouvez-vous me le
demander; et me forcerez-vous à m'expliquer devant quelqu'un qui ne peut
savoir les raisons qui doivent m'irriter
contre le général Bloc? pouvez-vous oublier la parole que vous m'aviez donnée,
— Je ne vous ai jamais rien promis. —

Quoi ! vous osez !.... Mais, je me tais ».
Il y avait d'assez bonnes raisons pour
cela, car il parlait très difficilement, ayant
eu les lèvres froissées, et le bout de la
langue coupé entre les dents. Aussi, re-
mettant à un autre instant tout ce qu'il
eut voulu exprimer, il se leva : « Adieu
Madame, dit-il, je vois bien qu'il faut
que je prenne quelque précaution, parce
que je souffre beaucoup. Je remets à
huit jours notre conférence ; il est important, je vous le répète, que nous soyons
seuls chez vous ou chez moi, comme
il vous plaira ». Et il sortit.

CHAPITRE XXXVII.

Billet d'amour. — Précautions bien prises, mais déjouées par les grands moyens d'alors.

Malgré la douloureuse situation où se trouvait Léonide, elle ne pouvait s'empêcher de rire de l'accident de Scipion. Elle se hâta d'en aller rendre compte à son mari, qui sourit aussi à l'idée que lui présentait le lourd personnage, faisant une révérence beaucoup plus profonde qu'il n'eut voulu ; et Toussaint prenant espoir des huit jours qu'il avait gagnés, se livra à la plus douce confiance, ne cessant de donner à Léonide les témoignages les plus tendres de son amour. Elle y répondit, et quoi que l'on puisse inférer de son caractère connu, il est plus que probable que c'était de bonne foi: heureux si leur mortel ennemi eût cessé d'être ; Léonide ne se serait pas livrée, comme nous allons le voir, à sa déplorable étoile: mais malheureusement l'accident de cet homme pervers n'eut point de suite ; il ne fit que souffrir pendant quelques jours de sa chute, et on le revit bientôt plus enflammé que jamais des charmes de Léonide, dont la conquête lui semblait plus précieuse, à proportion des difficultés que lui opposait la sévérité de la dame.

Il se décida donc à forcer Léonide à se donner à lui ou à laisser périr son époux. Il laissa couler les huit jours qu'il avait promis sans troubler leur sécurité; mais le huitième au matin il lui écrivit en ces termes :

8 *

Billet de Scipion à Léonide.

« Ce soir, à dix heures, je serai chez
toi ; chez toi que j'adore, et qui ris de
mes tourmens ; mais prends garde de
lasser ma patience ! Enfin m'entendras-
tu ?.... Je l'espère pour toi, pour moi, et
plus encore pour qui tu sais. A ce soir, à
dix heures ; mais c'est la dernière fois.

Salut et amour extrême,

SCIPION ».

Ce billet glaça d'effroi Léonide ; elle
le porta à Jenni, qui osa lui donner le
conseil d'arracher Bloc à la mort à quelque prix que ce fût : elle avait bien
ses raisons. Jenni n'avait pu être insen-
sible aux qualités brillantes du Général ;
et elle avait fait l'odieux calcul que, si
Léonide trahissait son époux, elle pourrait le consoler de sa perte : car déjà

Walk n'était plus pour elle qu'un mari ; or, un mari pour les femmes telles que Jenni, est ce qu'elles aiment le moins au monde.

Léonide, sans pressentir le projet de celle que les circonstances avaient élevée au rang de son amie, éprouva un sentiment d'indignation ; et la quittant brusquement, elle courut chez sa mère, qui demeurait, comme on sait, avec madame de Bonnière. Le billet de Scipion passa dans toutes les mains ; on y vit la perte assurée du Général. « Concevez-vous, disait Léonide, que l'amour de l'argent possédait toujours avant tout, concevez-vous que cet infâme Scipion, après avoir reçu quarante mille francs, exige encore ce que je ne peux lui donner ». On se récria sur la scélératesse d'un pareil procédé (dont, il faut en convenir, le Représentant était incapable), et l'on chercha ce qu'il fallait faire pour que madame Bloc échappât à ses embûches. On ne supposait pas que Léonide pût consentir à sauver son mari en se perdant elle-même ; et on convint qu'en prenant les mêmes précautions qu'au dernier rendez-vous, il était évident que madame Bloc ne courrait aucun risque, et que, pour plus de sûreté, Edouard, messieurs de Poligny et de Boreston se trouveraient chez elle, à portée de lui donner tout secours contre les entreprises de Scipion.

« Dès que le jour sera fini, dirent-ils, nous nous rendrons chez Léonide ; Scipion n'en sera pas instruit, et s'il n'est pas nécessaire, il l'ignorera toujours. Si, au contraire, ses emportemens méritent notre indignation, il en ressentira le poids de manière à ne pas s'y exposer deux fois ».

Hercilie et Félicie, malgré leur vive tendresse pour leurs époux et le danger qu'ils pouvaient courir à se mêler de cette affaire, les y engagèrent, ne voyant qu'avec un mortel chagrin leur cousine exposée à une si cruelle persécution.

Léonide resta chez sa mère jusqu'à huit heures du soir. Ces messieurs la ramenèrent; on se rendit chez Jenni, qui, un peu honteuse de sa conversation du matin, parut embarrassée. Léonide n'eut pas l'air de s'en souvenir, lui demanda de descendre dans son cabinet avec ses cousins, en attendant l'heure où le Représentant viendrait chez elle. « Le hasard, (1) ajoutât-elle, m'a déjà préservée une fois, il me sauvera peut-être encore celle-ci ». Madame de Tresy se remit. On proposa à ces messieurs de

_____

(1) On se rappelle que c'était l'expression favorite de Léonide qui, dédaignant de rendre hommage à la Providence, mérita d'en être abandonnée.

prendre du punch. On apporta des ci-
trons, du rhum, et l'on noya les sujets
d'alarmes que l'on pouvait avoir dans
cette liqueur traîtresse que les femmes
les plus réservées n'ont pas honte de
prendre comme un rafraîchissement,
parce qu'il reste une ombre de décence
dans la manière dont elle trouble la
raison.

— On riait, on se moquait des projets de
Scipion, quand tout à coup la porte
du boudoir s'ouvre avec fracas, et une
nuée d'hommes à écharpes et à larges
moustaches, portant pour coiffure le
fameux *bonnet rouge*, ordonne à M. de
Poligny, à Edouard de les suivre ; à Boreston, de se rendre à l'Assemblée ; et
signifie de même à monsieur et à madame de Tresy une arrestation provi-
soire dans leur appartement : Léonide
veut s'expliquer. Ces hommes ne lui en
laissent pas la faculté. Edouard, l'im-

pétueux Edouard veut en vain faire résistance ; l'aventure de Chambéri lui est encore présente ; mais il n'a pas affaire à un ennemi aussi généreux. Ponce et Boreston ne sont pas plus heureux. Léonide, en les voyant entraîner hors de son appartement, veut sortir de son boudoir. Deux sentinelles posées à la porte l'obligent d'y rester. Elle veut sonner ses gens ; tous sont sortis de l'hôtel, sous peine d'être livrés au redoutable tribunal, et n'y rentreront pas jusqu'au moment où Scipion le leur permettra (1). Madame Bloc se livrait au

_____

(1) Cette scène ne paraîtra forcée qu'à ceux qui, trop jeunes encore, n'ont pas connu à quel point les anarchistes avaient porté l'audace ; mais nous, qui en avons été témoins, nous ne saurions oublier ces temps d'horreur, et nous rendrons d'éternelles actions de grâces à celui dont la toute-puissance nous en a préservés pour jamais.

plus affreux désespoir. En vain, comme
nous l'avons dit, ces messieurs essayè-
rent-ils d'opposer la force à la force. Le
nombre de leurs adversaires était trop
grand. Tout plia sous les lois du tyran.
En moins d'un quart-d'heure Léonide
se voit seule dans son appartement, dont
elle cherche inutilement une issue ; toutes
sont gardées. Alors elle ne prend plus
conseil que de son désespoir, et est décidée à mourir plutôt que de céder à
celui qui emploie de pareils moyens
pour triompher d'elle.

Scipion, qui depuis huit jours a fait
suivre par ses espions toutes les dé-
marches de Léonide, a su ce qu'elle a
tenté pour rendre encore inutile ce rendez-vous ; et il a trouvé le moyen d'éloigner d'elle tous ceux dont elle attend
quelques secours : mesdames de Bonnière, ses filles, ses petites-filles sont
détenues chez elles : une garde est posée

à leur porte, pour qu'elles n'aient aucune communication avec qui que ce soit. Poligny et Edouard sont conduits au Luxembourg ; Boreston est surveillé par la garde qu'il commande. Ainsi, nul ne protégera Léonide. Elle eût pu demander assistance à celui qui tient en ses mains les cœurs les plus farouches ; mais sourde à la voix de la nature, qui publie son Auteur, elle n'élève point ses yeux jusqu'à lui ; elle ne le prie pas : l'infortunée s'efforce de nier son existence. Qui donc la protégera ? qui la défendra des méchans et d'elle-même ?

CHAPITRE XXXVIII.

Le rendez-vous.—Fermeté de madame
Bloc.—Articles de la capitulation.

Scipion sait que tous ses plans sont
exécutés, qu'il peut venir chez Léonide;
il croit qu'elle n'échappera pas aux
piéges dont il l'a environnée. Mais qu'elle
est sa surprise, lorsqu'il entre dans son
appartement, de la voir venir à lui avec
l'expression du dédain. « Que prétendez-
vous, homme barbare? comment profa-
nez-vous le nom d'amour, quand votre
cœur ne nourrit que la rage? Vous voulez que je sois à vous, et loin de chercher à mériter ma tendresse, vous excitez
ma haine! Je sais bien que je ne pourrai
vous résister; qu'en vain je voudrais lut-

ter contre vous, opposer à la force que la
nature vous a départie les faibles efforts
de mon sexe; ils seraient inutiles : mais
ce que je sais bien, c'est que si jamais
vous ajoutez ce forfait à ceux dont vous
êtes déjà souillé, ne pouvant supporter
mon déshonneur, je ne vivrai qu'autant
qu'il sera nécessaire pour vous entraîner
avec moi dans la tombe. Je le jure ! et
peut-être cette nuit, si vous osez la passer près de moi, sera celle où vous ces-
serez d'être. Le fer ou le poison me ven-
gera d'un monstre » !

Il y avait dans toute la personne de
Léonide une telle dignité; il était si certain qu'elle accomplirait ce qu'elle jurait
de faire, que Scipion, tout endurci qu'il
était dans le crime, ne put se défendre
d'un mouvement de crainte. Elle le vit,
et sa résolution en devint plus inébranlable. « Je ne redoute point la mort,
Léonide, mais votre haine; cessons de

nous persécuter mutuellement , et ren-
dons à l'Etat un homme qui peut lui être
encore d'une grande utilité. Un homme
jeune, brave , instruit, et d'une loyauté
telle que si le tribunal ne m'était pas
vendu, il eût été impossible qu'il le con-
damnât ; mais si vous persistez dans
votre résolution, il mourra, et nous de-
vrons l'un et l'autre nous accuser de sa
mort. N'est-il donc aucun moyen de
concilier l'ardente passion dont vous em-
brasez mon cœur, et le soin de votre
vertu. Ne pouvez-vous pas invoquer une
loi qui, en rompant vos nœuds avec
mon rival, vous mettrait dans mes bras,
sans que vous ayez à en rougir (1).—

---

(1) Le lecteur peut sans peine voir que
je ne donne pas ici mon opinion, entièrement opposée au divorce, mais celle des
hommes qui firent la révolution , et que
malheureusement quelques gens estimés adop-
tèrent sans en prévoir le danger.

Que me proposez-vous; un divorce? quoi!
je quitterais un homme que j'aime pour
épouser celui qui m'est devenu odieux.
—Ecoutez-moi, Léonide, l'homme auquel vous êtes unie ne l'a pas été par
votre choix, et mademoiselle de Mansville n'eût point épousé Toussaint Bloc
sans les hasards de la guerre, qui vous
ont mis en son pouvoir. Vous y avez
consenti; mais pouviez-vous faire au-
trement? Il a eu pour vous, il est vrai,
de très-bons procédés; il est devenu
votre ami: voilà des nœuds que je ne
veux pas rompre; vous lui conserverez
de l'amitié, vous veillerez à sa fortune,
à son avancement: enfin, il vous devra
la vie, car il n'y a aucun doute que je
ne permettrai jamais qu'il retrouve près
de vous des droits que mon amour ré-
clame. Je ne vous parle pas du sort brillant que je vous offre; vous n'ignorez pas que sous le nom de Scipion je

cache celui d'une maison ancienne, et qui vaut la vôtre. Mon bien s'élève à plus de dix-huit cent mille francs en terres; joignez-y un riche portefeuille, et un mobilier qu'un prince pourrait trouver dignes de lui. Ajoutez à cela des amis nombreux, les chances qui sont si multipliées sous un gouvernement révolutionnaire, et qui peuvent me mener à une grande puissance, et c'est là ce que vous mettez en comparaison avec le sort qui vous attend, si vous résistez à mes vœux! Veuve de Toussaint, (car vous ne pouvez le sauver qu'en vous livrant à moi d'une manière ou d'une autre), vous n'ignorez pas qu'il ne vous laissera rien: son père est mort: les biens qu'il pouvait en attendre ont été confisqués; ceux de Bloc le seront de même; votre famille est ruinée: M. de Poligny qui pouvait, en considération de sa femme, vous être utile, restera en prison, et ses biens en

séquestre aussi long-temps que je le ju-
gerai nécessaire ; que je dise un mot,
Boreston perdra la place qu'il n'a due
qu'à mon crédit ; il partira pour l'armée, ou bien il languira dans les prisons. Où trouverez-vous quelques res-
sources ? aucunes : et vous serez peut-
être trop heureuse d'ici à un an, d'être
ma maîtresse, après avoir refusé d'être
ma femme ».

Léonide avait écouté Scipion, et écou-
ter dans cette circonstance est beaucoup
trop. Les dix-huit cent mille francs en
terres, et peut-être autant sur la banque
d'Angleterre, avait fait une forte impression sur son âme naturellement attachée à la fortune ; mais elle pensa
aussitôt que sa mère ne consentirait point
à ce mariage. Elle savait que madame
de Mansville aimait son gendre et dé-
testait Scipion. Elle crut donc proposer
ce point comme un obstacle insurmon-

table; mais Scipion n'en parut pas ébranlé.
— « Vous êtes majeure (elle avait en effet
vingt et un ans); vous demanderez le
consentement de votre mère; si elle le
refuse, nous nous en passerons. — Est-
il possible que vous aimiez quelqu'un
qui n'a pas pour vous les moindres sentimens d'amitié ? Car votre personne
m'est désagréable; vos principes poli-
tiques sont opposés aux miens; je n'estime pas plus votre conduite que je
n'aime vos manières. Comment, sachant
tout cela, pouvez-vous avoir la pensée
de vous unir à moi. — Parce que vous
me plaisez; que je n'ai pas d'autre manière de vous obtenir, et que vous m'avez
prouvé (ce que je ne croyais pas jusqu'à
présent, et qui ajoute un prix incalcu-
lable à votre possession), qu'un être faible
par sa nature, dénué de tout secours,
peut, par l'énergie de son caractère,
se défendre contre l'oppression, et se

jouer des projets les mieux concertés
pour le perdre. J'avoue que cette seule
conviction me donne la pensée de me
ployer pour vous au joug de l'hymen
que j'avais toujours évité avec soin, ne
pouvant croire à la vertu des femmes!
j'ai donc cherché à vous séduire, parce
que vous êtes belle; mais c'est par estime pour votre courage et votre esprit
que je vous demande votre main.

Léonide, frappée de cet éloge, trouve
Scipion moins désagréable, et supporte
l'idée de prendre son nom. Mais alors
elle ne peut oublier les intérêts de celui
qui lui est cher : elle veut dicter les con-
ditions auxquelles elle se sacrifierait à la
conservation des jours de Bloc. « Si je
pouvais consentir à ce que vous me pro-
posez, je voudrais que M. Bloc fut non-
seulement mis en liberté d'ici à vingt-
quatre heures, mais réintégré dans son
grade, et promu dans six mois à celui de

général de division ; je voudrais que les
biens de son père lui fussent rendus.—Je
vais signer l'engagement de faire pour le
général Bloc ce que vous exigez ; mais
vous, chère Léonide, signez aussi que vous
donnez pouvoir, et en votre nom, de demander le divorce, pour cause d'incompa-
tibilité d'humeur ». A ces mots, trouvant
sur une chiffonnière une écritoire et du papier, il écrivit la promesse de remplir les
demandes de Léonide de Mansville pour
le général Bloc, et la signa ; mais avant
de remettre cet engagement, il écrivit
aussi celui qu'il exigeait de Léonide, et
lui présenta la plume pour le signer.

A cet instant madame Bloc sentit tout
son courage l'abandonner. « Quoi ! s'écria-
t-elle, faut-il donc briser ces nœuds ?—
Oui, si vous aimez Bloc, sinon, résignez-
vous à le voir périr » ! Enfin, après quatre
ou cinq heures d'incertitude et de douleur,
elle signa la demande en divorce. Scipion

voulut lui en marquer toute sa reconnaissance, en lui exprimant sa joie et sa
tendresse; mais Léonide le repoussa et
lui dit : « Au moins rendez-moi Jenni, que
je puisse pleurer avec elle en liberté. —
Vos désirs sont des lois; il alla lui-même
chercher madame Walk et son mari,
qui ne s'étaient pas couchés, et qui at-
tendaient avec une grande impatience le
résultat de cette longue conférence.

Jenni n'apprit pas sans de vifs transports de joie qu'enfin Léonide épouserait
Scipion, et que le Général serait libre.
Elle descendit avec empressement auprès
de Léonide ; elle la trouva dans le plus
grand accablement, elle n'ouvrit la
bouche que pour demander à Scipion,
de la laisser en liberté ; il lui obéit, et
cependant, comme il craignait encore
qu'elle ne trompât ses desseins, il laissa
un garde à sa porte, et dans l'hôtel un
homme qui lui était dévoué, pour qu'il

veillât à ce que madame Bloc ne lui
échappât point. Elle lui avait demandé
la liberté de sa mère et de ses parens ;
il l'assura qu'ils l'obtiendraient dès que
le divorce serait prononcé (opération
très-prompte alors), et qu'ils seraient liés
par *d'irrévocables* nœuds. Elle n'avait
pas insisté, car elle sentait qu'elle ne
reverrait pas sa mère et ses cousines sans
rougir ; dailleurs, n'ayant que ce moyen
de sauver Bloc, elle craignait tout ce
qui pourrait lui rendre ce sacrifice plus
pénible.

CHAPITRE XXXIX.

L'époux est délivré et remis en pos-
session de ses biens; mais à quelle
condition!!

Dès que Scipion se fut retiré, Léonide pria Walk de la laisser seule avec
Jenni. Elle lui laissa voir tous les com-
bats dont son âme était déchirée. Jenni,
déjà affermie dans le vice, employa
toute son éloquence à persuader à Léonide qu'elle avait pris le seul parti qu'elle
pût accepter. Elle y parvint à force de
lui répéter que son époux lui-même......
Madame Bloc consentit à prendre du
repos; elle était persuadée que son mari
ne pourrait disconvenir qu'elle s'était
trouvée dans une circonstance extrême-

ment embarrassante, et qu'il ne la blâme-
rait pas d'avoir employé le seul moyen de
lui conserver la vie, et à elle l'honneur.
Ses femmes, qui avaient obtenu la
permission de revenir auprès de leur
maîtresse, la déshabillèrent et la mirent
dans son lit, où elle dormit quelques
heures, de sorte qu'il en était plus de
dix quand elle s'éveilla. Le souvenir de
tout ce qui s'était passé la nuit, ne se
présentait à elle qu'au milieu d'un nuage.
Elle eût voulu croire que ce n'était qu'un
songe : elle ne pouvait imaginer qu'elle
avait demandé le divorce, quand l'arrivée
de Scipion ne le lui persuada que trop.

« Vous le voyez, ma toute belle, dit-
il en entrant avec la familiarité d'un
maître de maison; je n'ai pas mis de
lenteur à solliciter moi-même les grâces
que vous m'avez demandées. Le général Bloc est reparti pour Mayence, où
il commandera une division. Il a reçu

en même temps cet ordre du comité de salut public et sa mise en possession des biens de son père. — Oh! mon Dieu, il aura appris sans précaution cette perte, qui lui aura été bien sensible. — Je ne savais pas qu'il l'ignorât; mais enfin, il fallait bien qu'il en fût instruit dans un temps ou un autre; c'est une affaire faite. — Sait-il aussi que vous avez exigé. — Non, cela n'était pas nécessaire, autant vaut qu'il n'en soit instruit qu'à Mayence; il ne quittera pas l'armée pour nous venir chercher querelle ».

Léonide comprit parfaitement pour quelle raison le brave Représentant avait voulu que Bloc fût loin de lui quand il apprendrait qu'il lui enlevait sa femme; elle n'en eut qu'un peu plus de mépris pour celui à qui elle allait donner tout droit sur elle. Mais avant de passer à ces tristes noces, voyons le,

brave Toussaint, recevant son acte d'é-
largissement et l'ordre de se rendre à
Mayence sur-le-champ. « Quoi, dit-
il, sans voir Léonide! — Sans la voir,
ni qui que ce soit à Paris. — Pas un mot
d'elle! Ah! mon Dieu, je ne sens que
trop quel est mon malheur : le lâche ;
pauvre Léonide, tu auras été la victime
de ton amour pour moi, et ton âme,
comprimée par la honte, n'ose plus
s'épancher dans la mienne » ! Il jeta à cet
instant les yeux sur un troisième papier
qui lui apprenait le sort de son père ; il
ne vit point que l'on lui rendait ses
biens. Hélas! il ne voyait plus rien ; il
avait perdu Léonide et son père, que
lui importait la fortune? Il monta dans
la voiture qu'on avait amenée à la porte
de la prison. Quatre geudarmes l'ac-
compagnèrent jusqu'à l'armée, ne lui
laissant de communication avec personne au monde. Ses camarades et ses

soldats le revirent avec une joie extrême ; mais sa profonde douleur lui
faisait désirer d'être toujours seul.

Il écrivit à Léonide vingt lettres dont
aucune ne lui parvint. Celle-ci n'aurait
osé lui répondre, encore bien moins lui
écrire la première. Abandonnée aux
conseils de Jenni, aux suggestions cons-
tantes de Scipion, l'œuvre d'iniquité
s'accomplit, le divorce fut prononcé.
Elle en fit, ou plutôt elle chargea Jenni
d'en faire part à sa mère, n'ayant
jamais pu prendre sur elle de tracer le
récit de ce qu'avec assez de raison elle
appelait son déshonneur. Cette femme
déhontée avait aussi tout pouvoir pour
solliciter le consentement de madame
de Mansville.

Celle-ci, outrée de la conduite de sa
fille, refusa d'y prendre la moindre part,
et dit qu'elle ne la reverrait de sa vie.
Mais qu'était-ce que la résolution de la

Comtesse, dont l'esprit naturellement versatile le devint encore davantage avec les années ? On supprima cette lettre. Le silence seul de sa mère suffisait pour prouver à Léonide combien elle désaprouvait ce mariage ; mais elle ne pouvait plus revenir sur ses pas. Scipion employait tous ses soins pour l'affermir dans sa résolution. A peine six semaines se furent-elles écoulées depuis le départ de Bloc, que Léonide, accompagnée de la seule Jenni et de Walk, alla jurer dans les mains du Magistrat, qu'elle prenait Scipion pour époux, au mépris de la foi qu'elle avait donnée au plus digne et au plus tendre des hommes.

FIN DU SECOND VOLUME.

TABLE DES CHAPITRES

DU SECOND VOLUME.

Pag.

CHAP. XX. *Visite au Proconsul. — Les Prisonniers.* 5

CHAP. XXI. *Cent mille livres ! et pour qui ?* 18

CHAP. XXII. *Rentrée dans Paris.—Bloc général.— Désappointement du Proconsul.* 27

CHAP. XXIII. *Madame Bloc sur un nouveau théâtre. — Elle envoie à la recherche de Jenni. — Prison d'un nouveau genre.* 44

CHAP. XXIV. *Passe-temps de madame Bloc.—Les Désespérées. — Qui étaient ces Dames.* 53

Pag.

CHAP. XXV. *Histoire de l'ex-Baronne. — Visite de lord Adisson. — Tout est découvert.* 63

CHAP. XXVI. *Adieux au Baron. — Les Brigands. — Situation affreuse.* 75

CHAP. XXVII. *Extrême détresse de l'ex-Baronne. — Nouvelle condition. — La sœur de lait. — L'incendie.* 88

CHAP. XXVIII. *L'escarmouche. — Nouveau désarroi. — Nouvelles du Prisonnier.* 100

CHAP. XXIX. *Nouveau tour de madame Bloc. — Siége de la forteresse. — Fureur et soumission du Baron.* 115

CHAP. XXX. *L'orage se forme dans le lointain. — Destitution du Général.* 124

Pag.

CHAP. XXXI. *Arrestation de
M. Bloc. — Voyage plus
triste que l'on ne s'y attendait.* 130

CHAP. XXXII. *Jenni chez
Scipion. — Proposition de
cet homme. — Entrevue des
deux époux.* 138

CHAP. XXXIII. *Madame Bloc
mal accueillie par Scipion.
— Ultimatum de ce grand
personnage.* 152

CHAP. XXXIV. **Le portefeuille**
consolateur. 160

CHAP. XXXV. *Les Sbires.—
Ils manquent leur capture,
et vont eux-mêmes en prison.* 164

CHAP. XXXVI. *Entrevue malencontreuse pour le Représentant. — Partie remise.* 171

CHAP. XXXVII. *Billet d'amour.
— Précautions bien prises,*

Pag.

mais déjouées par les grands
moyens d'alors.   176

CHAP. XXXVIII. *Le rendez-
vous. — Fermeté de madame
Bloc.— Articles de la capitulation.*   186

CAAP. XXXIX. *L'époux est
délivré et remis en possession
de ses biens ; mais à quelle
condition ! !*   197

FIN DE LA TABLE DES CHAPITRES
DU SECOND VOLUME.